PIETER VERHEYDE

CHAMPAGNER

EINE PRICKELNDE ENTDECKUNG

FOTOGRAFIE

ANDREW VERSCHETZE

KOEHLER

CHAMPAGNER, DER BESONDERE MOMENT

Natürlich gehört Champagner bei Partys, Hochzeiten, Geburten, Siegesfeiern, Abschlüssen, Amtseinführungen und Beförderungen einfach dazu. Was wir bei diesem prickelnden Genuss manchmal vergessen, ist, dass Champagner auch ein Wein ist, einer mit einem ganz besonderen Status. Jeder Champagner hat seinen eigenen Charakter, Stil, Moment und Geschmack. Wir sprechen über *brut* und *sec*, *weiß* und *rosé*, aber es gibt unendlich viele Nuancen, wie jeder Champagner-Liebhaber bestätigen wird. Was Champagner außerdem so besonders macht, ist, dass bei keinem anderen Wein so viel Wissen und Geschick erforderlich sind. Nirgendwo sonst wird so viel Zeit auf den gesamten Herstellungsprozess verwendet. Von der Pflege der Rebstöcke bis hin zum Endprodukt, der Flasche mit ihrem besonderen Korken und der Agraffe.

Zusammen mit dem Burgund und dem Piemont ist die Champagne eine meiner liebsten Weinregionen. Ich reise immer wieder dorthin, um zu verkosten, aber auch, um Geschichten zu hören. Wie lautet die Geschichte dieser Familie? Welches Verfahren haben sie hier entwickelt? Worin besteht das Geheimnis der Trauben aus diesen Regionen? Ich freue mich, meine Leser mit auf die Reise zu nehmen, denn je mehr man über einen Wein und seinen Winzer weiß, desto größer ist der Genuss, den man beim Trinken empfindet.

In den letzten dreißig bis vierzig Jahren hat sich in der Champagne viel verändert. Es gibt viele neue *Récoltants Manipulants*, Söhne haben das Familienunternehmen übernommen, nachfolgende Generationen haben einen eigenen Stil entwickelt, in manchen Häusern haben regelrechte Revolutionen stattgefunden. Gleichzeitig herrscht jedoch eine gewisse Trägheit in der Region. Die Champagner-Herstellung braucht Zeit, und im Gegensatz zu anderen Weinen wird er nicht bereits nach einem Jahr auf den Markt gebracht. Ein guter Burgunder ist nach sechzehn Monaten fertig, ein guter Champagner muss reifen.

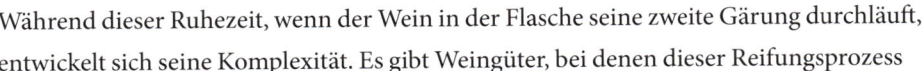

Während dieser Ruhezeit, wenn der Wein in der Flasche seine zweite Gärung durchläuft, entwickelt sich seine Komplexität. Es gibt Weingüter, bei denen dieser Reifungsprozess *sur lattes* sieben bis zehn Jahre dauert, manchmal sogar noch länger. Auf den Weingütern, die wir für dieses Buch besucht haben, ist das oft der Fall. Das Buch enthält viele weltbekannte Namen, aber auch viele unprätentiöse Weingüter, auf denen uns der Winzer noch mit Erde verschmierten Händen begrüßt. Wir haben sie danach ausgewählt, wie präzise sie bei der Weinherstellung sind und welche Gefühle die Weine auslösen. Denn um Genuss und Gefühle geht es beim Champagner. Wenn ich einen echt leckeren Wein probiere, bekomme ich auf meinem linken Arm eine Gänsehaut. Dann geht es nicht länger nur um Notizen in einem Verkostungsbuch, sondern nur noch darum, ob der Wein geschmacklich überzeugt. In einer Welt, in der alles immer schneller geht, sind Erfahrungen wichtig, und solch einen Moment der Ruhe muss man genießen.

In meiner Kindheit war Champagner etwas Besonderes, ein exklusives Produkt, ein Statussymbol. Der Wein an sich war nebensächlich, Hauptsache, es sprudelte. Heutzutage stelle ich fest, dass leidenschaftliche Winzer lieber auf die Bläschen verzichten würden, um die Attraktivität des Weins an sich besser hervorzuheben.

Natürlich spielen Trends hierbei auch eine Rolle. Momentan sind *extra brut* und *brut nature* die beliebtesten Champagner-Sorten, während früher *demi-sec* angesagt war. Damals wurde Champagner nicht als Aperitif getrunken, sondern nach dem Essen als Dessert genossen. Inzwischen hat Sekt größtenteils die Rolle eines festlichen Getränks übernommen; nur wahre Enthusiasten suchen noch nach einem besonderen Champagner, der mit Liebe und Leidenschaft gemacht wurde. Gegenwärtig bauen immer mehr Winzer ihren Wein unter ökologischen Gesichtspunkten an. Ihnen ist bewusst, dass sie die Erde respektieren und gesund erhalten müssen. Ein wohlschmeckendes Endprodukt erfordert gesunde Trauben aus gesunder Erde.

Die Mehrheit der kleineren Weinanbauer, über die wir hier sprechen, bearbeitet jede Parzelle einzeln. Es ist überall das Gleiche: Die Arbeit in den Weinbergen, gute Trauben und sehr präzises Pressen sind ein großer Teil der Kunst. Und dann braucht es Zeit, viel Zeit, was für die Winzer bedeutet, dass sie finanziell abgesichert sein müssen. In den Tausenden von Flaschen, die in ihren Kellern ruhen, ruht auch ihr Kapital. Man fühlt sich richtig klein, wenn man neben den ganzen Flaschen steht, die erst 2030 auf den Markt kommen sollen.

Diese Leute bilden die Zukunft. Was in vielen Fällen auch die Frage der Nachfolge aufwirft. Was ist, wenn die Kinder kein Interesse an einer Fortführung des Betriebs haben?

Für uns, die Konsumenten und Sommeliers, zählen einzig der Geschmack und der Genuss beim Trinken. Champagner trinkt man auf Partys, beim geselligen Treffen mit

Freunden, manchmal am Nachmittag, zur Entspannung … oder um sich etwas Gutes zu tun. Ich öffne eine Flasche niemals unbedacht: Ein guter Champagner verlangt Respekt, besonders, wenn man weiß, welche Reise er hinter sich hat. Ich persönlich verabscheue Wein-Snobs. Wein ist dazu da, um ihn gemeinsam mit anderen zu trinken und so das Vergnügen zu teilen. Auch das gemeinsame Verkosten im Freundeskreis sollte entspannt bleiben.

Es gibt Menschen, die Sport treiben, um Druck abzulassen, und dann gibt es diejenigen, die eine gute Flasche öffnen. Ich gehöre zur zweiten Kategorie.

Pieter Verheyde

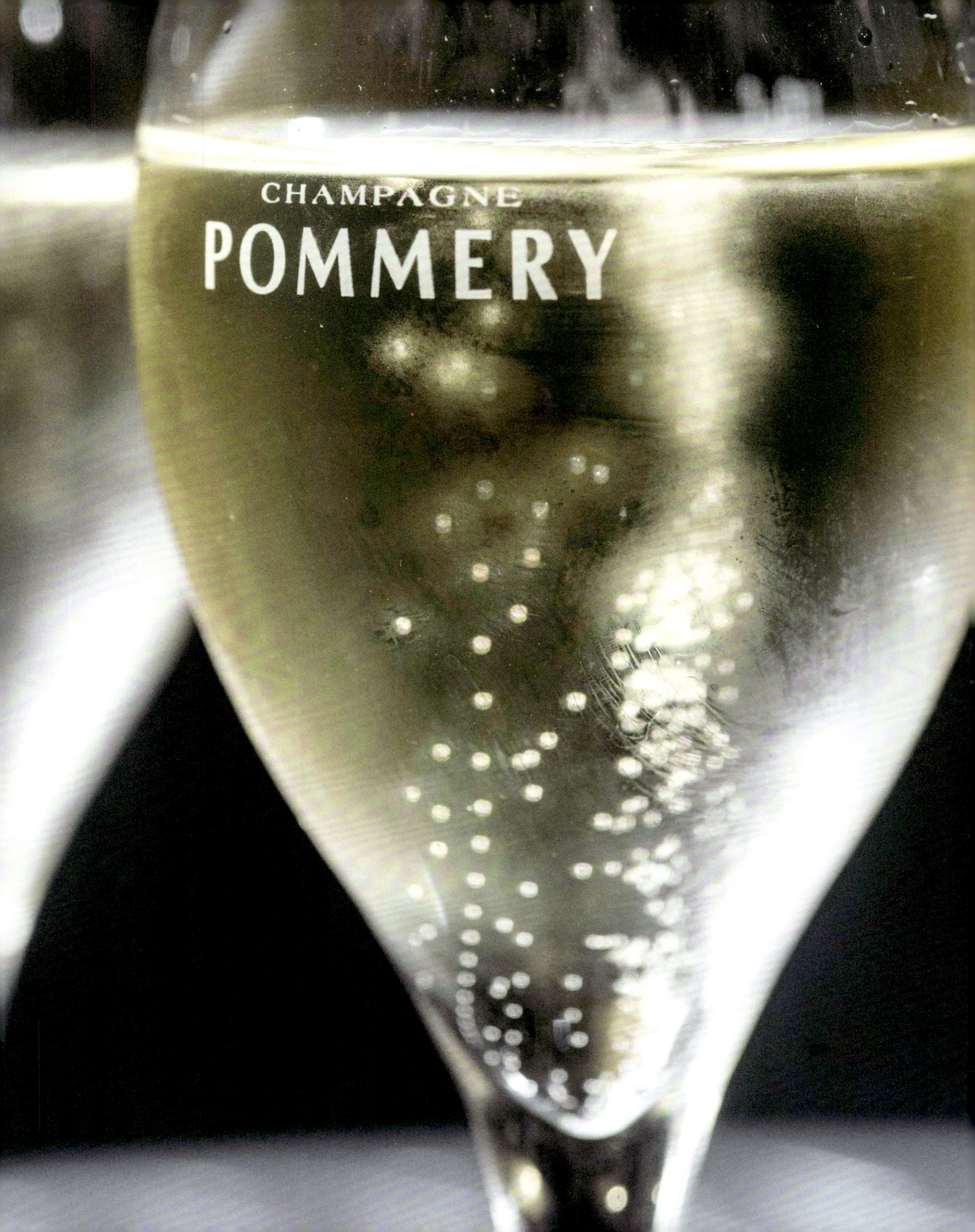
CHAMPAGNE
POMMERY

CHAMPAGNER: VOR DEM ERSTEN SCHLUCK

Champagner ist stets *AOC*-Wein: AOC steht für *Appellation d'Origine Contrôlée* und lässt sich aus dem Französischen am besten mit »kontrollierte Herkunftsbezeichnung« übersetzen. Das AOC-Siegel (das inzwischen offiziell durch die »geschützte Ursprungsbezeichnung« der EU ersetzt worden ist, aber immer noch informell verwendet wird) war ein Schutzsiegel für bestimmte landwirtschaftliche Erzeugnisse Frankreichs, unter anderem eben auch für Champagner. Es besagt im Falle des Champagners, dass nur Produkte aus einer bestimmten Region überhaupt als »Champagner« bezeichnet werden dürfen.

Die Trauben für Champagner werden in der nördlichsten Weinbauregion Frankreichs kultiviert, gelesen und gekeltert. Die gesamte Anbaufläche umfasst ungefähr 33.800 Hektar, wovon der Löwenanteil auf das Anbaugebiet Marne (22.500 Hektar) entfällt; weitere Anbaugebiete sind Aube und Haute-Marne (7.900 Hektar) sowie L'Aisne und La-Seine-sur-Marne (3.400 Hektar).

Zumeist werden für den edlen Perlwein die Traubensorten Pinot Noir (38 %), Meunier (32 %) und Chardonnay (30 %) gekeltert, doch sind auch andere Traubensorten durchaus zugelassen; mit lediglich 0,3 % Anteil an den Rebflächen fallen sie allerdings kaum ins Gewicht. Zu nennen wären hier die Sorten Arbane, Le Petit Meslier sowie Pinot Blanc und Pinot Gris. Heute setzt man vor allem im Anbaugebiet Aube immer häufiger auf Pinot Blanc.

Die jährliche Abfüllkapazität liegt bei ungefähr 337 Millionen Flaschen Champagner; im Schnitt ernten die Winzer 11.500 Kilogramm Trauben je Hektar Anbaufläche. Zu diesen 337 Millionen Flaschen müssen wir noch den Lagerbestand von weiteren 145 Millionen Flaschen Champagner hinzuzählen. Alles in allem sprechen wir hier über einen Warenwert von geschätzten 4,4 Milliarden Euro, wovon alleine 2,3 Milliarden auf das Exportgeschäft entfallen. Die größten und wichtigsten Abnehmerländer sind Großbritannien, die Vereinigten Staaten, Deutschland, Japan, Belgien, Australien, die Schweiz, Spanien und Schweden.

Das Comité Interprofessionnel du Vin de Champagne (CIVC) ist der französische Wirtschaftsverband, der die Interessen der Champagner-Winzer und der Champagnerhäuser vertritt. Der Verband wurde 1941 nach französischem Gesetz als Organisation der Champagner-Wirtschaft mit eigener Rechtspersönlichkeit und Klagebefugnis ausgestattet. Der CIVC fördert die Champagner-Wirtschaft in ihrer wirtschaftlichen, technischen und ökologischen Entwicklung. Nach außen nimmt der CIVC Marketing- und Kommunikationsaufgaben sowie den Schutz der kontrollierten und geschützten Ursprungsbezeichnung »Champagne« wahr. Außerdem versteht sich der CIVC als Hüter von Qualität, Standards und Preisen in der Champagner-Wirtschaft.

Neben vielen Möglichkeiten, edle Champagnerweine zu verkosten, hat die Region noch sehr viel mehr zu bieten: Sie ist seit jeher französische Kulturregion und reich an historischen Bauwerken. Kulturelle Hauptstadt und touristischer Anziehungspunkt der Champagner-Region ist die Stadt Reims mit ihrer gotischen Kathedrale, die im dreizehnten Jahrhundert erbaut wurde und Krönungsort der meisten Könige Frankreichs war. Die Kathedrale von Reims beherbergt eine Vielzahl bedeutender Skulpturen, darunter den »lachenden Engel«, eine um 1250 entstandene steinerne Engelsfigur im gotischen Stil, die die Besucher mit einem himmlischen Lächeln begrüßt. Neben der Kathedrale befindet sich der erzbischöfliche Palast »Palais du Tau«, wo künftige Könige Frankreichs die Nacht vor ihrer Krönung verbrachten. Etwas weiter entfernt steht die romanische Basilika Saint-Rémi, die als königliche Abtei das Heilige Öl zur Salbung der französischen Könige bewahrte.

Auch das von Weinbergen umgebene Epernay ist eine Reise wert. Die prunkvolle Avenue de Champagne lädt zum Bewundern der herrlichen Giebel der dort ansässigen Champagner-häuser ein. Sie können die Weinkeller dieser Häuser besichtigen und dort selbstverständlich auch Champagner verkosten.

Die Region Côte des Bar bietet Ihnen eine ausgedehnte Hügellandschaft mit verstreut liegenden Dörfern und Tälern. In Colombey-les-Deux-Églises kann man die Grabstätte von General de Gaulle besuchen, und auch die Stadt Troyes lohnt mit ihren wunderschönen Handwerkerhäusern einen Besuch.

Ein weiteres Tor zur Champagne ist die Gegend von Vitry-le-François. Der Lac du Der – einer der größten künstlichen Seen Europas – hat sich zu einer großen Attraktion für Ornithologen entwickelt.

Ein Herzstück der weit über 500 Kilometer langen *Route de Champagne* ist zweifellos das Marne-Tal – eine überaus attraktive und angenehme Region, um die Weinberge der Champagne zu entdecken. Im Departement L'Aisne befindet sich die Stadt Château-Thierry, Geburtsort des großen französischen Schriftstellers Jean de La Fontaine, dessen Fabeln heute noch jedem französischen Schulkind bekannt sind. Ihm ist in Château-Thierry ein Museum gewidmet.

Am 22. Januar eines jeden Jahres gedenken die Winzer ihrem Schutzpatron, dem heiligen Vincent. Sie danken Saint-Vincent für den Jahrgang des letzten Jahres und bitten ihn um Schutz für das kommende Jahr.

Bevor wir unsere Entdeckungsreise durch die Champagne beginnen, wollen wir noch einen kurzen Blick auf die größten und bekanntesten Champagnerhäuser werfen, deren Erzeugnisse weltweit vermarktet werden.

Der Luxusgüterkonzern LVMH (Moët Hennessy – Louis Vuitton SE) ist ein überaus gewichtiger Akteur im Markt edler Getränke – allein 27 Weinhäuser, darunter sechs Champagnerhäuser, zählen zu den Unternehmen der Gruppe, die insgesamt über 62 Millionen Flaschen Champagner jährlich produziert.

Als Erstes der sechs LVMH-Champagnerhäuser ist *Dom Perignon* zu nennen; seinen Namen erhielt dieses Haus nach dem Abt Dom Pierre Pérignon, der die Champagner-Herstellung optimierte. Der erste Champagner mit dem Namen *Dom Perignon* wurde 1936 gekeltert. Unter der Aufsicht von Kellermeister Richard Geoffrey wird der Champagner als Cuvée aus Chardonnay und Spätburgunder kreiert. Dom Perignon ist berühmt für seine Millésimes (Jahrgangs-Champagner).

Die Marke *Ruinart* stammt aus dem Jahr 1729 und ist damit das älteste noch bestehende Champagnerhaus. Nicolas Ruinart war Gründer des Hauses. Sein Onkel Dom Ruinart wurde neben dem Abt Dom Pérignon in der Abtei Hautvillers begraben. Das Haus Ruinart befindet sich in Reims und verfügt über wunderschöne gallo-römische Keller, die einst von Hand gegraben wurden und zum Welterbe der UNESCO zählen. Sie haben eine Länge von 8 Kilometern, sind bis 40 Meter tief und können besichtigt werden. Wichtige Cuvées sind »R« de Ruinart und Dom Ruinart Blanc de Blancs.

Die über 270-jährige Geschichte des Champagnerhauses *Moët & Chandon* begann 1742. Moët & Chandon hat seinen Sitz in Epernay und ist der Marktführer unter den Champagnerhäusern. Moët & Chandon besitzt 1.190 Hektar Rebfläche und ist damit größter Weinbergbesitzer der Champagne. Die Keller haben eine Gesamtlänge von 28 Kilometern und befinden sich unter der Avenue de Champagne. Die bekanntesten Cuvées sind Brut Impérial, Grand Vintage (Jahrgangs-Champagner) und Nectar Impérial.

Das Champagnerhaus *Veuve Cliquot* wurde 1772 von Philippe Cliquot gegründet. Sein Nachfolger Francois Cliquot heiratete Barbe-Nicole Ponsardin, die nach dem frühen Tod ihres Mannes mit 27 Jahren als junge Witwe die Aufgaben ihres Mannes übernahm; sie war damit die erste Frau überhaupt, die ein Champagnerhaus führte. Die Remuage – das Rüttelverfahren bei der Flaschengärung – wurde hier erstmals eingeführt. Auch das Sabrieren (das Köpfen einer Champagnerflasche mit einem Säbel) soll in den Kellern des Hauses Cliquot von russischen Kosaken im Dienst der französischen Krone erfunden worden sein. Die Weinkeller des Hauses Cliquot haben eine Gesamtlänge von 24 Kilometern, der Grundbesitz beläuft sich auf 515 Hektar Weinberge. Zu den bekanntesten Cuvées zählen Brut und Extra Brut sowie La Grande Dame.

Eugene Mercier war zwar kein Champenois, aber ein versierter Geschäftsmann aus Epernay. Er gründete 1858 das Champagnerhaus *Mercier*. 1871 begann er mit dem Bau von insgesamt 18 Kilometer langen Kellergewölben, deren Bauzeit insgesamt sechs Jahre verschlang. Mercier war überaus umtriebig: Für die Weltausstellung 1889 ließ er ein riesiges Champagnerfass herstellen, das von 24 Ochsen und 18 Pferden nach Paris gezogen wurde. Beim Kampf um den Preis der Weltausstellung unterlag er nur knapp Eiffel. Heute können Sie das große Fass in Epernay in der Kellerei von Mercier bestaunen. 1904 fand das Autorennen Paris-Epernay statt; Ziel war das Haus Mercier an der Avenue de Champagne in Epernay. 1970 wurde Mercier an Moët & Chandon verkauft und mit diesem 1987 Teil der LVMH. Mercier ist eine touristische Attraktion in Epernay; die Besichtigung der Keller wird mit einer Kleinbahn absolviert. Mercier ist Marktführer in Frankreich und produziert ungefähr 6 Millionen Flaschen Champagner pro Jahr.

Im Portrait: Krug

Krug ist ein 1843 in Reims von Johann-Joseph Krug (1800 bis 1866) aus Mainz gegründetes Champagnerhaus. Nach seiner Einbürgerung nannte er sich Jean-Joseph Krug. Er war zuvor ab 1834 in leitender Stellung beim Champagnerhaus Jacquesson tätig gewesen und hatte die Schwägerin des Inhabers geheiratet. Sein sehr talentierter und strebsamer Sohn Paul Krug baute das Unternehmen aus. Heute gehört Krug zum LVMH-Konzern, doch noch immer führt ein Mitglied der Familie Krug die Geschäfte. Kellermeister ist Eric Leibel. Die Marke Krug gilt als besonders exklusiv und erfreut sich eines hervorragenden Rufs. Die Produktionsmethoden sind auch heute noch sehr traditionell und handwerklich. Die Weine werden in kleinen Eichenholzfässern mit nur 205 Litern Inhalt ausgebaut. Im Weinkeller des Hauses Krug lagern etwa 3.500 Fässer Champagner. Jedes Jahr werden von diesen 100 Stück erneuert. Die neuen Fässer kommen erst Jahre später zum Einsatz, damit der Champagner keinen intensiven Holzgeschmack annimmt.

Der Champagner von Krug hat mit sechs bis acht Jahren Lagerung eine lange Reifezeit. Diese lange Reifung führt zu komplexen Weinen und Cuvées.
Die exklusivsten Champagnerweine sind »Clos de Mesnil« und »Clos d'Ambonnay«. Der Weinberg »Clos de Mesnil« wurde in den 1970ern erworben. Er ist zwei Hektar groß und vollständig von einer Mauer umgeben. »Clos de Mesnil« liegt inmitten der Region Blanc de Blanc und wird ausschließlich aus Chardonnay-Trauben gekeltert. Insgesamt werden jährlich 10.000 Flaschen dieses herausragenden Champagners produziert. Das 68 Hektar große Weingut »Clos d'Ambonnay« wurde in den 1950ern gekauft. Dieser Champagner wird ausschließlich aus Pinot-Noir-Trauben hergestellt. Es handelt sich daher um einen Blanc-de-Noir-Champagner. Die Lage »Clos d'Ambonnay« garantiert vorwiegend schwere, volle Weine. Krugs »Clos d'Ambonnay« ist der teuerste je produzierte junge Champagner.
Weitere Cuvées aus dem Haus Krug:

› Krug Rosé: »Multi-Jahrgang«, der aus unterschiedlichen Lagen und bis zu sechs Jahrgängen komponiert wird. Er wird mazeriert und über einen Zeitraum von sechs Jahren vinifiziert.

› Krug Vintage: Wird nur mit Trauben der besten Jahrgänge hergestellt.

› Krug Collection: Ein Jahrgangs-Champagner, der sehr lange reift, bevor er degorgiert wird.

› Krug Grand Cuvée BBR: Dieser Champagner wird nur in kleinen Mengen produziert. Er hat eine Reifezeit von 30 Jahren.

Das Haus *Feuillatte* wurde 1911 von Nicolas Feuillatte, der französisch-amerikanischer Herkunft war, mit Henri Macquart in Chouilly gegründet. Die Traubenernte kommt aus 30 verschiedenen umliegenden Dorfgemeinschaften. In den Feuillatte-Weinkellern stehen 200 Edelstahlbehälter mit einer Kapazität für 10 Millionen Flaschen pro Jahr. Zusätzlich lagern dort noch etwa 33 Millionen Flaschen Champagner. Es werden nur Grand Cru und Premier Cru angeboten.

Das Champagnerhaus *Mumm* hat seinen Sitz in Reims. Die Firmengründer waren die Brüder Gottlieb, Jakobus und Philipp Mumm sowie ihr Partner Friedrich Giesler. Wie man an ihren Namen unschwer erkennen kann, hat das Haus Mumm deutsche Wurzeln. G.H. Mumm hatte als deutsch-französisches Unternehmen äußerst turbulente Zeiten zu überstehen. An René Lalou, der das Haus 50 Jahre lang führte, erinnert die gleichnamige Cuvée. 1970 wurde Mumm von dem kanadischen Konzern Seagram übernommen; inzwischen gehört G.H. Mumm zur Unternehmensgruppe Pernod-Ricard. Mumm verfügt über 375 Hektar Anbaufläche. Zu 95 % werden Grand-Cru-Champagnerweine produziert. Bekannt ist vor allem der »Gordon Rouge«, der für annähernd 80 % des Umsatzes bei Mumm sorgt. Andere Cuvées sind etwa Mumm Grand Cru de Cramant (ein hervorragender Champagner), Mumm Selection, Mumm Gordon Vert und Mumm Verzenay. Mit über 8 Millionen Flaschen jährlich zählt Mumm zu den drei größten Champagner-Produzenten.

Das Haus *Laurent-Perrier* mit Sitz in Tours-sur-Marne produziert heute jährlich 7,5 Millionen Flaschen. Eugène Laurent, ein echter Champenois, heiratete in den 1880er-Jahren Mathilde Emilie Perrier und gründet gemeinsam mit ihr das Champagnerhaus Laurent-Perrier. Laurent-Perrier ist auch heute noch ein großer Name für Champagner-Freunde. 1939 wurde das Unternehmen von Marie Louise de Nonancourt gekauft. Nach dem Zweiten Weltkrieg kam das Haus wieder zurück zur Laurent-Perrier-Gruppe, die heute unter anderem die Häuser Lemoine, Castellane, Delamotte und Salon verwaltet. Die wichtigsten Laurent-Perrier-Champagner sind Cuvée Prestige und Grand Siècle.

Die Geschichte des in Reims ansässigen Hauses *Piper Heidsieck* geht bis ins 18. Jahrhundert zurück. Seit 2011 gehört Piper Heidsieck zu dem französischen Mischkonzern EPI, zuvor war die Spirituosengruppe Rémy Cointreau Eigentümer. Traditionell pflegt das Haus enge Kontakte zur Filmindustrie und sponsert Filmfestivals von Weltrang. Das Haus produziert jährlich etwa 7,2 Millionen Flaschen. Piper Heidsieck verfügt selbst über eine eher kleine Anbaufläche, sodass in 70 verschiedenen Weindörfern zugekauft wird. Das typische Merkmal eines Piper-Heidsieck-Champagner ist der Verzicht auf malolaktische Gärung (bei der die herbe Fruchtsäure gemildert wird), was zu einem »scharfen« Champagner führt. Piper-Heidsick-Cuvées sind Heidsieck Brut, Piper-Heidsieck Brut Sauvage, Piper Rare und Le Vinothèque.

Auch *Lanson* zählt zu den ersten Champagnerhäusern. Gegründet wurde das Unternehmen bereits 1760 von Francois Delamotte. 1798 übernahm sein Sohn Nicolas-Louis Delamotte die Leitung. Er war Ritter des Malteserordens und entschied sich, das Malteserkreuz als Firmenlogo zu verwenden. Bis heute befindet sich das Malteserkreuz auf den Etiketten der Lanson-Champagnerflaschen. 1837 zog Lanson nach Reims.

Nach langer Zeit als unabhängiges Unternehmen gehörte Lanson zwischenzeitlich zur LVMH-Firmengruppe. 1990 wurde Lanson von Marne et Champagne erworben und 2000 von der BCC-Gruppe übernommen. Seit victorianischer Zeit ist Lanson britischer Hoflieferant, 1998 war Lanson Sponsor der Fußballweltmeisterschaft in Frankreich. Das Champagnerhaus besitzt keine eigenen Rebflächen. Typisch für die Champagner von Lanson ist, dass sie keine malolaktische Fermentation durchlaufen haben. Sie haben einen jungen, spritzigen Stil. Lanson-Champagner altern sehr gut. Die Jahresproduktion beläuft sich auf 7 Millionen Flaschen. Die wichtigsten Cuvées sind Black Label, Extra Age, Demi-Sec, Millésimes und, nicht zu verachten, Noble Cuvée.

Auch *Pommery* ist in Reims ansässig. Das Unternehmen wurde 1856 als Pommery & Greno gegründet. Die Witwe eines der Gründer, Louise Pommery, führte das Haus seit 1860 und heiratete 1875 den zukünftigen Marquis Guy de Polignac. Ihr wird die Erfindung des besonders trockenen »Brut«-Champagner zugeschrieben. Bis 1990 wurde das Haus von einem der Erben von Prinz Alain de Polignac geführt. 1990 kam das Haus in die Hände von Moët & Hennessy, 2002 wurde Pommery durch die Unternehmensgruppe Vranken-Monopole übernommen. Pommery produziert etwa fünf Millionen Flaschen Champagner pro Jahr. Der Stil der Pommery-Champagner orientiert sich am historischen Erbe und wurde lange von Alain de Polignac (dem Ur-Ur-Enkel von Madame Pommery) bewahrt. Für die Champagner-Produktion kauft Pommery 70 % der Trauben ein. Insgesamt gibt es 17 verschiedene Cuvées, darunter Brut Royal, Apenage, Extra Brut und Pop Champagner.

1734 gründete Jacques Fourneaux das Champagnerhaus Forest-Fourneaux, das 1932 in den Besitz der Familie Pierre *Taittinger* überging. Erbstreitigkeiten führten 2005 zum Verkauf an eine amerikanische Investorengruppe, doch bereits 2006 kaufte Pierre Emmanuel Taittinger das Champagnerhaus zurück; gemeinsam mit seinem Sohn Clovis und seiner Tochter Vitalie kümmert sich Pierre Emmanuel Taittinger seither um den Fortbestand des Hauses.

Taittinger verfügt 288 Hektar Rebfläche, verteilt auf 34 Dörfer. Für die Produktion können so immerhin zu 35 % eigene Trauben verwendet werden. Mit Ausnahme des »Comte de Champagne« wird die gesamte Produktion in Edelstahlfässern gelagert. Das Unternehmen Taittinger produziert 6 Millionen Flaschen pro Jahr. Die wichtigsten Cuvées sind Brut Réserve, Prélude Grands Cru und der Millésime Comtes de Champagne Rosé.

INHALT

Champagner, der besondere Moment	5
Champagner: Vor dem ersten Schluck	9
Champagnerhaus J. de Telmont	21
Champagnerhaus Agrapart	33
Champagnerhaus Billecart-Salmon	47
Champagnerhaus Savart	59
Champagnerhaus Ulysse Collin	69
Champagnerhaus Cédric Bouchard	77
Champagnerhaus Fleury Courteron	87
Champagnerhaus Roger Barnier	99
Champagnerhaus Jacques Lassaigne Montgeux	111
Champagnerhaus Diebolt-Vallois	123
Champagnerhaus David Léclapart	137
Champagnerhaus Minière F & R	145
Champagnerhaus Francis Boulard & Fille	157
Champagnerhaus J. Vignier	165
Champagnerhaus Françoise Bedel et Fils	175
Champagnerhaus Chartogne-Taillet	185
Champagnerhaus Jérôme Prévost	195
Champagnerhaus De Sousa	203
Champagnergut Jacques Selosse	215
Champagnerhaus Salon	225
Champagnerhaus Jacquesson	233
Champagnerhaus Fallet-Prévostat	245
Champagnerhaus Égly-Ouriet	253
Glossar	263
Impressum	264

CHAMPAGNERHAUS J. DE TELMONT

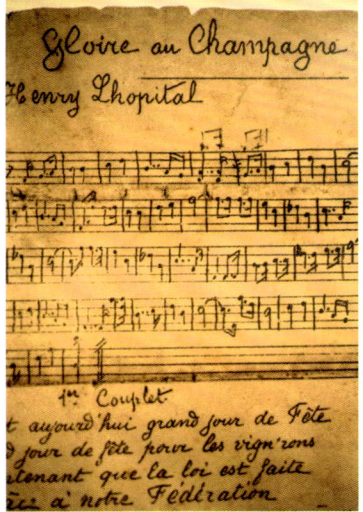

1911 richtete die Reblaus großen Schaden in der Champagne an. Komplette Weinbaugebiete wurden zerstört, es blieben kaum Trauben zur Weinproduktion übrig. Es musste neu angepflanzt werden, doch das nahm Zeit in Anspruch. Betrüger kauften Wein aus anderen Weinregionen an und nutzten auch andere Erzeugnisse, um Champagner zu produzieren. Für die Winzer war das eine Katastrophe, und sie machten ihren Ärger darüber deutlich. In den Dörfern Damery und Venteuil brach eine Revolte aus.

Erst 1927 wurde ein Gesetz verkündet, das alle Champagnerhäuser dazu verpflichtete, nur Trauben aus einer bestimmten Region zu verwenden. Daraus resultiert, dass die Bezeichnung *Champagner* die am strengsten reglementierte der Welt ist. Die Geschichte des Hauses J. de Telmont begann in diesen unruhigen Zeiten mit dem Gründer Henri Lhopital. Innovativ und einfallsreich entschied er schon früh, die Trauben nicht nur selbst anzubauen, sondern sie auch selbst zu verarbeiten: Ab 1912 verkaufte er Champagner unter seinem Namen.

Schließlich trat sein Sohn André seine Nachfolge an. Mit seinem Wissen über diese Region und die Verkaufstechniken sammelte André Trauben aus den besten Anbaugebieten der Gegend. Dies ermöglichte ihm, qualitativ hochwertigen Champagner zu produzieren.

Négociant Manipulant
650.000 Flaschen

Champagne J. de Telmont
1, avenue de Champagne
F–51480 DAMERY
+33 3 26 58 40 33
www.champagne-de-telmont.com

André Lhopital suchte nach einem Namen, der besser zum Prestige seines Weines passte als sein eigener. Eins der Weinbaugebiete, aus dem seine Trauben stammten, hieß »Les Beaumonts«, doch er konnte seinen Champagner nicht unter diesem Namen verkaufen; also beschloss er, den Namen zu ändern. Und so entstand 1949 das *Maison de Champagne J. de Telmont*.

Mit André Lhopitals Sohn Serge startete die dritte Generation. Serge besaß umfangreiches Wissen, was die Produktion und die Vermarktung anging, und er steigerte die Verkäufe sogar. Jahr für Jahr, Ernte für Ernte gewann der Champagner an Ansehen und Einfluss. Serge etablierte das Haus J. de Telmont an seiner heutigen Adresse, wo 1968 neue Weinkeller entstanden.

← *Nec pluribus impar* ist lateinisch und heißt »Nicht ungleich vielen«. Das Motto des Hauses ist also eine Referenz an das Werk des »Sonnenkönigs« Ludwig XIV.

↖ Ein *Foudre* von J. de Telmont

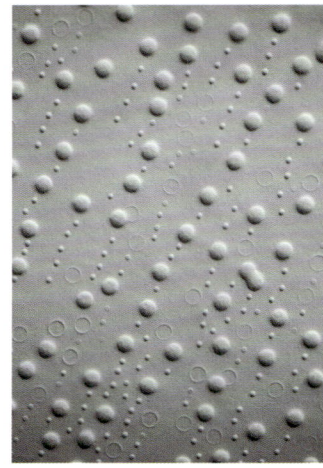

↓ Champagner reift *sur lattes*

→ Die traditionelle Art, den Draht am Korken zu befestigen

Heute führen sein Sohn Bertrand und seine Tochter Pascale das Unternehmen in der vierten Generation. Bruder und Schwester ergänzen sich gut. Die Weitergabe von Wissen über die Region und die Produktionsmethoden sind Werte, welche die Firma weiterhin schätzt. Der Champagner wird immer noch verkorkt gelagert. Ein Teil der Weinbereitung findet in 50 Hektoliter großen *Foudres* (stehenden Fässern) statt, welche dem Wein Komplexität und Dichte verleihen.

Dank der jahrelangen Erfahrung in den Weinkellern und der vielen Stunden, die bei der Herstellung der Flaschen angefallen sind, wurde J. de Telmont zu einem der größten Champagner.

Das Haus J. de Telmont ist sehr dafür, den Champagner länger reifen zu lassen als üblich, nämlich mindestens drei Jahre *sur lattes* für *Champagner brut* und mehr als sechs Jahre für die *Millésimes*. Dieses Verfahren ergibt eine größere Komplexität und feinere Bläschen. Das erfordert natürlich Geduld, aber mit dieser Einstellung will sich das Haus weltweit von anderen Schaumweinen abgrenzen und einen qualitativ noch besseren Champagner auf den Markt bringen.

Das heutige Anbaugebiet umfasst 33 Hektar und besteht aus acht besonders hochwertigen Weingebieten (Crus), auf denen die drei Weinsorten Pinot Noir, Pinot Meunier und Chardonnay angebaut werden. Die Weinberge sind verteilt auf die Dörfer Cumières, Damery, Fleury-La-Rivière und Romery.

J. de Telmont produziert insgesamt 650.000 Flaschen, gewonnen von 63 Hektar Land mit 40 verschiedenen hochwertigen Anbaugebieten wie Grand Crus, Premier Crus und anderen. Dies macht die große Vielfalt des Hauses aus.

CUVÉES UND MILLÉSIMES

DIE KLASSIKER

GRANDE RESERVE BRUT

Zusammenstellung	Assemblage aus Pinot Noir, Pinot Meunier und Chardonnay
Geschmack	Brut
Herstellung	36 Monate im Keller
Fazit	Weichheit und Frische

GRANDE ROSÉ BRUT

Zusammenstellung	Assemblage aus 85 % Chardonnay und 15 % Pinot Noir und Pinot Meunier
Geschmack	Brut
Fazit	Elegant, raffiniert, fruchtig und delikat

DIE MILLÉSIMES

GRANDE VINTAGE (MILLÉSIME 2005)

Zusammenstellung	40 % Pinot Meunier, 40 % Chardonnay und 20 % Pinot Noir
Geschmack	Brut
Herstellung	Vinifizierung und lange Reifung in Edelstahlbehältern

GRAND BLANC DE BLANCS (MILLÉSIME 2009)

Zusammenstellung	Assemblage verschiedener Crus aus 100 % Chardonnay aus einem einzelnen Jahr
Geschmack	Brut
Herstellung	Keine malolaktische Gärung

DIE CUVÉES DE PRESTIGE

CUVÉE OR 1735

Dieser interessante Name bezieht sich auf das Jahr 1735, in dem Ludwig XV. per königlicher Ordonnanz die Genehmigung erteilte, Champagner zum ersten Mal auch in Flaschen zu verkaufen und nicht wie bisher nur in Fässern. Die Flaschen wurden mit einem Korken verschlossen, welcher mit einem Hanffaden befestigt und mit einem Lacksiegel versehen wurde.

Terroir	Die Anbauflächen befinden sich in Chouilly und Avize in der Grand-Cru-Region
Rebsorte	100 % Chardonnay
Zusammenstellung	Millésime
Fazit	Cuvée OR 2004 ist die *Cuvée de Prestige* des Hauses

LE GRAND COURONNEMENT

Rebsorte	100 % Chardonnay
Zusammenstellung	Millésime 2002

DIE ORIGINALE

Um die Umwelt zu schonen und das Terroir zu erhalten, betreibt das Haus J. de Telmont nun auf 10 Hektar ökologischen Weinanbau.

CUVÉE »SANS SOUFRE AJOUTÉ« (OHNE SCHWEFELZUSATZ)

Herstellung	Ökologischer Weinanbau

CUVÉE LÉGER DOSAGE

Fazit	Der »LD« (*léger dosage* – geringer Zuckeranteil) ist ein Blanc de Blancs, extra brut und sehr mineralisch.

DIE ERBSAMMLUNG

Dieses Sortiment wird auch die Vinothèque genannt, in welchem sich Champagner älterer Jahrgänge finden lassen, wie beispielsweise der 1969er Champagner sowie die aus den Jahren 1975, 1976, 1985, 1986, 1990, 1992 und 1995.

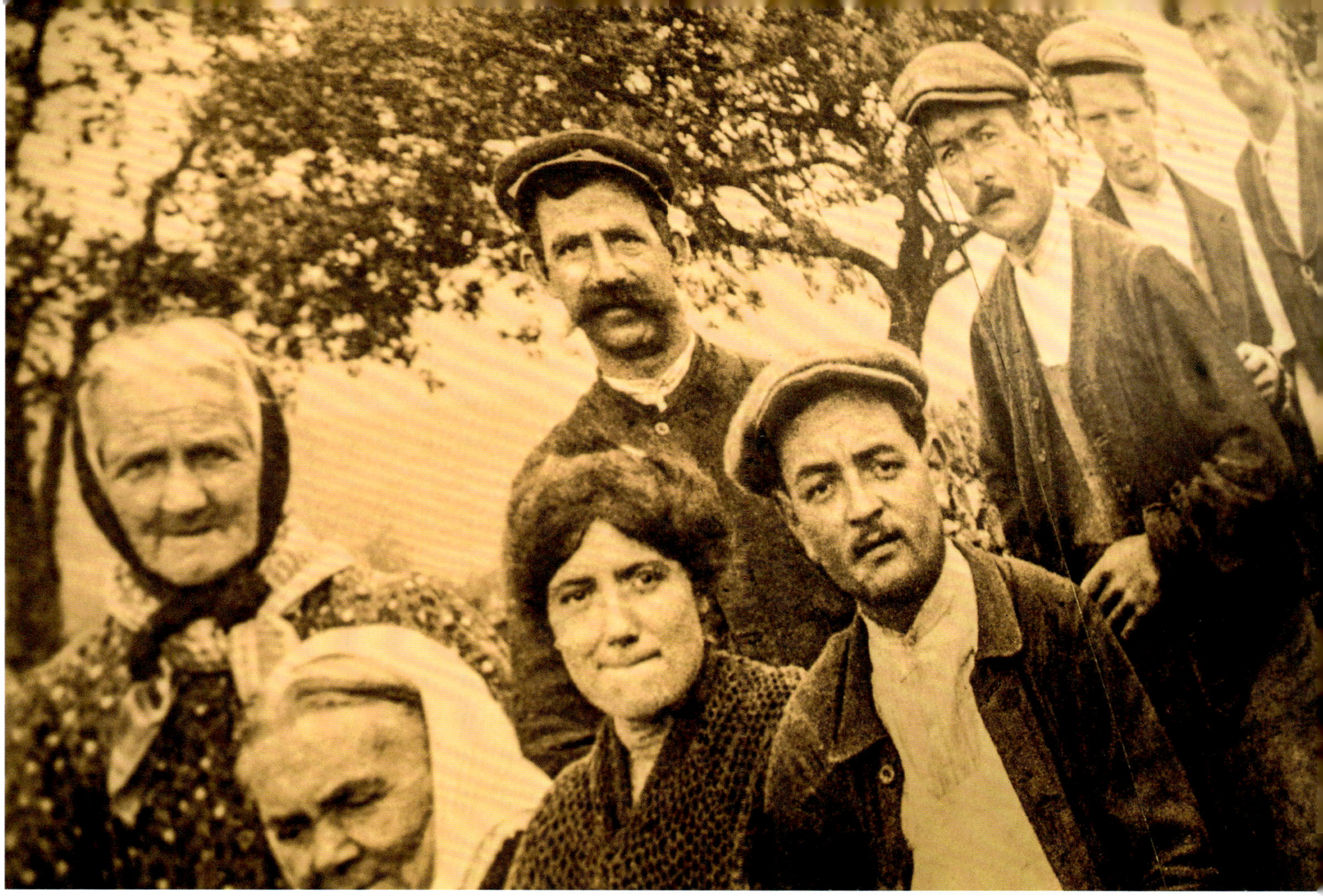

J. DE TELMONT

1969
1968
CHAMPAGNE
J. de Telmont
1949
1939

H.L.M

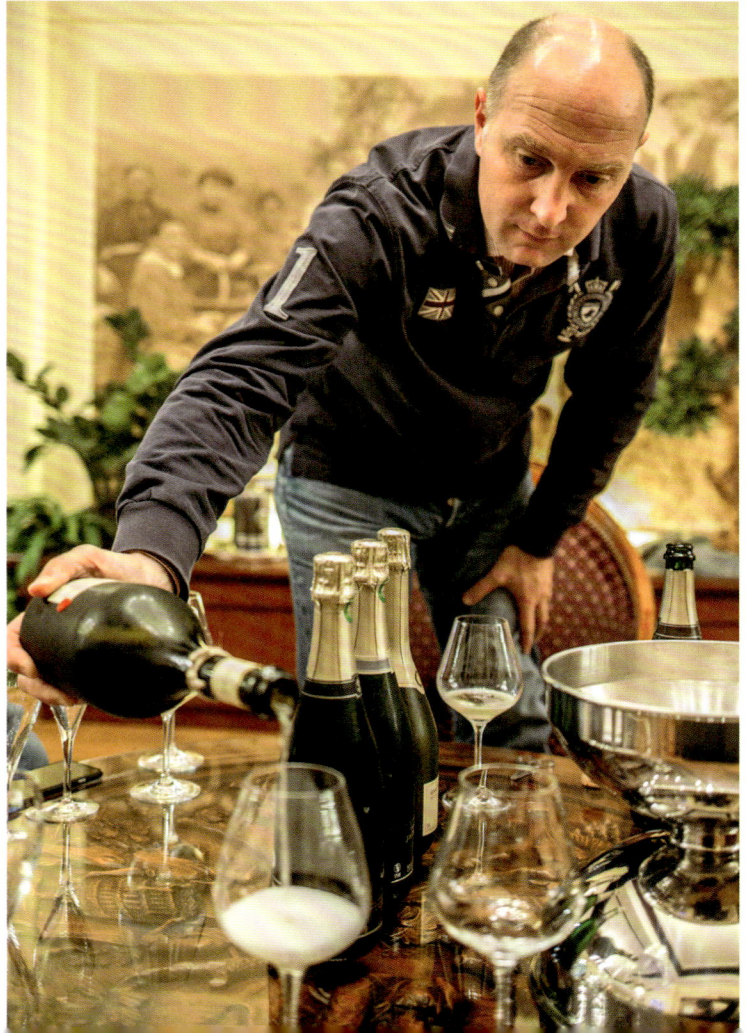

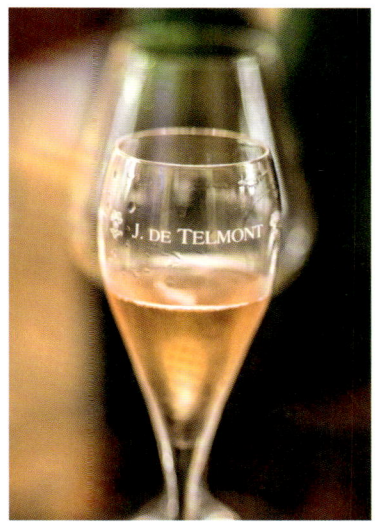

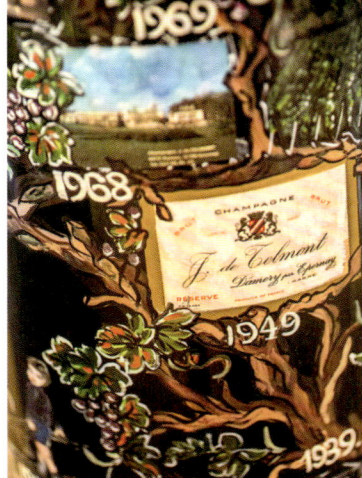

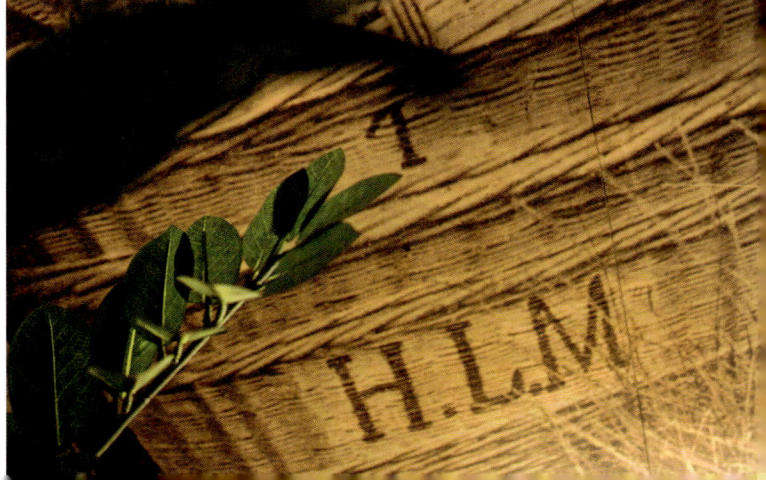

CHAMPAGNERHAUS AGRAPART

Pascal Agrapart

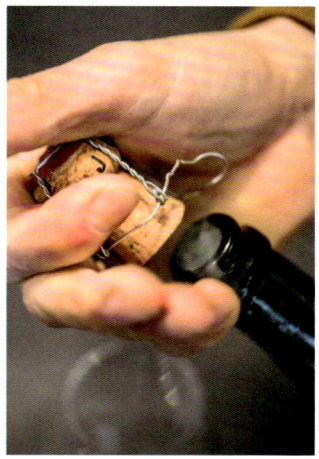   

In Avize, in der Region »Côte des Blancs«, treffen wir Pascal Agrapart, den Inhaber des Hauses Agrapart. Seit vier Generationen baut die Familie als »*Récoltant Manipulant*« Wein an und verzichtet auf zusätzlichen Weinankauf.

Pascal ist ein cooler Mann, er ist sehr fokussiert und weiß genau, was er tut. Genau wie die anderen Champagnerhäuser, hat auch Agrapart seine Hochs und Tiefs. Kriege und Wirtschaftskrisen führten dazu, dass die Besitzer nicht immer von den Erträgen leben konnten, und in schlechten Zeiten verkauften ihre Vorgänger den Wein an *Négociants*. Über die Jahre und mit der jetzigen Generation haben sie mehr Spielraum gewonnen und sich mehr Stabilität verschafft.

Nach dem Ende seines Wehrdienstes 1981 erlangte Pascal das nötige Wissen in Bordeaux. Als er in die Champagne zurückkehrte, verwendeten die meisten Weingüter Pestizide und Herbizide. Pascal lehnte dies ab und beschloss, zu seinen Wurzeln zurückzukehren. Alle erklärten ihn für verrückt. Er aber machte sich an die Arbeit, Parzelle für Parzelle, er kümmerte sich akribisch um die Weinberge und verringerte den Ertrag pro Hektar. Heute hat er zwölf Angestellte, je einen pro Hektar. Die Champagne ist die Region in Frankreich, die über besonders viele Weinberge pro Hektar verfügt, rund 9.000 Rebstöcke pro Hektar. Das ist gesetzlich vorgeschrieben.

Récoltant Manipulant

100.000 Flaschen

Champagne Agrapart

57, avenue Jean Jaurès

F–51190 AVIZE

+ 33 3 26 57 51 38

www.champagne-agrapart.com

Das Weingut Agrapart umfasst etwa zwölf Hektar, von denen neun Hektar aus Chardonnay Grand Cru in Avize, Oger, Cramant und Oiry bestehen; zwei Hektar Chardonnay Premier Cru in Avenay-Val-d'Or, Bergères-lès-Vertus und Mardeuil und ein Hektar Pinot Noir in Avenay-Val-d'Or, Premier Cru in der Montagne de Reims.

Das ergibt eine Gesamtsumme von 750.000 Hektolitern, dies entspricht 100.000 Flaschen pro Jahr. 35 % davon sind für den französischen Markt bestimmt und 65 % für den Export.

Agrapart ist ein ökologischer Weinbauer. Das bedeutet, dass Leben und Arbeit auf dem Weingut eine Einheit bilden. Der Boden, gesunde Rebstöcke und der einzigartige Ausdruck, welchen die Trauben von dem jeweiligen *Terroir* erhalten, haben bei Agrapart oberste Priorität.

Agrapart besitzt mehr als 70 Grundstücke mit 8.000 Rebstöcken pro Hektar, mit *Unterlagsreben* der Sorte 41B. Die alten Rebstöcke sind das Erbe seines Vaters, Pierre Agrapart, welcher diese nach der sogenannten *Sélection massive* auswählte, wobei nur die besten Rebstöcke ausgesucht und kultiviert werden.

Weil er den Burgunder so sehr liebt, nutzt Pascal die Chablis-Schnitt-Methode. Das bedeutet, dass er die Probleme des Guts berücksichtigt, er respektiert den *Xylemfluss* und kontrolliert das Wachstum der Blätter. Zehn Trauben von je 100 Gramm sind besser als fünf Trauben von je 200 Gramm.

Die Reberziehung erfolgt von Hand, Sonne und Wind erledigen den Rest. Das ist die beste Methode, um Krankheiten zu bekämpfen.

Um die Pflanzen resistenter zu machen, verwendet Pascal Mischdünger. Außerdem benutzt er Kupfer- und Schwefelaufbereitungen, abgestimmt auf die Schädlinge und die klimatischen Bedingungen. Der Mischdünger wird im Frühling und im Herbst mit regionalen Ingredienzien aufbereitet und dann zusammen mit dem Mischdünger, den der Biologe Timothy Bolander entwickelt hat, aufgetragen.

Um die Wurzeltiefe zu fördern, muss der Boden mechanisch aufbereitet werden, wobei Unkraut und oberflächliche Wurzeln entfernt werden.

→
Ansicht des *Chai* bei Agrapart

↓
Pascal Agrapart, ein Winzer, der im Einklang mit der Natur arbeitet

Die Weinerzeugung findet nur mit Spitzen-Trauben statt, manuell und selektiv in kleinen Behältern. Agrapart besitzt zwei klassische vertikale 4.000 Kilogramm fassende Coquard-Pressen von hoher Qualität.

Der Wein hat ohne den Zusatz von Enzymen einen natürlichen Bodensatz. Es ist nur wenig bis gar keine Trockenzuckerung erforderlich. Die alkoholische Gärung mit natürlichen Hefen erfolgt in Bottichen oder großen 600-Liter-Fässern, der sogenannten *Demi-Muids*. Die komplette malolaktische Gärung erfolgt durch die Temperatur im Keller. Aufgrund der kalten Luft im Winter setzt sich die Weinsäure in Kristallen am Boden ab und erzeugt so ein ausgewogenes Weinsäureverhältnis.

Der Wein liegt dann sechs Monate *sur lies*, ohne Schönen oder Filtrierung, denn laut Agrapart würde jede Behandlung die Authentizität mindern. Im Frühling wird der Wein in Flaschen abgefüllt und bei konstanter Temperatur im Keller gelagert.

←
Die Gärung findet bei geregelter Temperatur in Edelstahltanks statt.

Fazit Für Agrapart ist der Respekt vor dem Terroir, dem Boden und dem von den Menschen kultivierten Lebensraum oberstes Gebot.

Der Weinberg wird mit Respekt vor der Natur bearbeitet und der Wein reift im Rhythmus der Jahreszeiten in den Kellern.

↓
Attraktive personalisierte Korkverschlüsse

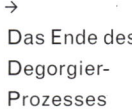
Das Ende des Degorgier-Prozesses

→
Die Flaschen werden sorgfältig geprüft, bevor sie zum Degorgieren in die Kühlung kommen.

↓
Die Flaschenhälse werden *sur pointe* eingefroren.

CUVÉES UND MILLÉSIMES

Agrapart hat einen erstklassigen »gourmand« (*gierigen*) Wein, den 7 Crus Brut.

Die Terroirs-Cuvée ist eine Assemblage (ein dreidimensionales Kunstwerk).

Das Haus hat eine große Vorliebe für *Parcelle*-Weine, deren Einzigartigkeit aus

ihrer Anbaufläche (*parcelle*) stammt, was es ermöglicht, jedes Jahr einen Millésime

zu produzieren. Es gibt drei Millésime-Monocrus, Minéral, Avizoise und Venus.

Diese Weine sind sortenreine Champagner mit der typischen Agrapart-Handschrift.

7 CRUS – PREMIER VIN

Terroir	Dieser Wein ist eine Assemblage von sieben Crus: Avize, Oger, Cramant, Oiry, Avenay-Val-d'Or, Bergères-lès-Vertus und Madeuil.
Rebsorte	10 % Pinot Noir, 90 % Chardonnay
Zusammenstellung	Der Champagner besteht zu 60 % aus Wein des vergangenen Jahres und zu 40 % aus Wein des vorletzten Jahres. Diese sind hauptsächlich Reserveweine, die in großen 600-Liter-Fässern (*Demi-Muids*) gelagert wurden.
Geschmack	Brut

TERROIRS – BLANC DE BLANCS GRAND CRU

Klassifikation	Grand Cru
Terroir	Eine Assemblage aus den Haupt-Cuvées aus Avize, Oger, Cramant und Oiry
Rebsorte	100 % Chardonnay
Zusammenstellung	Der Champagner besteht zu 60 % aus Wein des vergangenen Jahres und zu 40 % aus Wein des vorletzten Jahres.
Geschmack	Extra brut

MINÉRAL BLANC DE BLANCS GRAND CRU

Klassifikation	Grand Cru
Terroir	Eine Assemblage aus den Haupt-Cuvées aus Les Champboutons in Avize und Les Bionnes in Cramant.
Boden	Überwiegend Kalk. Die Cuvées haben ein ähnliches geologisches Profil, nämlich einen kalksteinreichen, kargen Boden.
Rebsorte	100 % Chardonnay Die Reben für diesen Champagner sind über 50 Jahre alt.
Zusammenstellung	Millésime
Geschmack	Extra Brut
Fazit	Spannung und Mineralität

MINÉRAL COLLECTION BLANC DE BLANCS GRAND CRU

Klassifikation	Grand Cru
Terroir	Die gleiche Assemblage wie der Minéral Blanc de Blancs Grand Cru
Rebsorte	100 % Chardonnay
Zusammenstellung	Millésime
Geschmack	Extra brut
Fazit	Substanz und Fülle

AVIZOISE BLANC DE BLANCS GRAND CRU

Klassifikation	Grand Cru
Terroir	Zusammenstellung der Haupt-Cuvées aus Les Robards und Gros Yeux in Avize. Der Weinberg befindet sich auf einem hohen Hang, der nach Südsüdost ausgerichtet ist. Dies ist der typische Stil von Avize. Die Reben sind über 60 Jahre alt und damit die ältesten des Weinguts, dafür liegen sie auf den besten Hängen.
Boden	Hauptsächlich Lehm
Rebsorte	100 % Chardonnay
Zusammenstellung	Millésime
Geschmack	Extra brut
Fazit	Substanz und Fülle

VÉNUS BLANC DE BLANCS
GRAND CRU MILLÉSIME – BRUT NATURE

Klassifikation	Grand Cru
Terroir	Assemblage von Weinreben von der 60 Hektar großen Fläche in La Fosse, Avize. In diesem Weinbaugebiet, das 1959 angelegt wurde, werden keine schweren Maschinen benutzt. Die Hanglage ist schräg und wird nur von Hand und mit Pferden bearbeitet, eine Eigenheit von Avize.
Boden	Kalkstein über Lehmboden
Rebsorte	100 % Chardonnay
Zusammenstellung	Millésime
Geschmack	Brut nature

EXPÉRIENCE BLANC DE BLANCS GRAND CRU

Klassifikation	Grand Cru
Terroir	Assemblage aus den Haupt-Cuvées von alten Weinreben aus Les Robards und Les Bionnes in Avize.
Rebsorte	100 % Chardonnay
Geschmack	Brut nature
Herstellung	Hier soll ein zu 100 % reines Produkt geliefert werden. Der Alkoholgehalt ist natürlichen Ursprungs und es findet keine *Chaptalisation* statt. Die erste Gärung ist natürlich. Für die *Prise de mousse* wird der Most (Traubensaft) der nachfolgenden Ernte genutzt, um das Äquivalent von 24 g Zucker und Hefe hinzuzufügen. Eigene Hefe und eigener Zucker … Hierbei handelt es sich nicht um einen Millésime.
Fazit	Expérience ist ein gelungenes Experiment.

COMPLANTÉE GRAND CRU

Klassifikation	Grand Cru
Terroir	Hier werden verschiedene Rebsorten im selben Terroir angebaut. Deshalb ist die Rebsorte im Vergleich zum Terroir zweitrangig. *Complantée* oder Ko-Bepflanzung bedeutet, dass verschiedene Rebsorten auf der gleichen Fläche angepflanzt werden. In diesem Fall sind das Chardonnay, Pinot Noir, Pinot Meunier, Pinot Blanc, Arbane und Petit Meslier. Die jungen Rebstöcke wurden 2003 auf 30 Hektar Land in La Fosse à Bull gepflanzt. Durch die Ko-Bepflanzung soll gezeigt werden, dass das Terroir wichtiger ist als die Rebsorte. Heute können wir nicht wirklich die Unterschiede zwischen den verschiedenen Rebsorten herausschmecken, also ist das wahrscheinlich der Effekt, den das Terroir hat.
Rebsorte	Pinot Noir, Pinot Meunier, Chardonnay, Arbane, Petit Meslier, Pinot Blanc
Geschmack	Extra brut

CHAMPAGNERHAUS AGRAPART

←
Blick auf den
Grand-Cru-Weinberg

→
Gehölzabschnitte

CHAMPAGNERHAUS BILLECART-SALMON

**François und Antoine
Roland-Billecart:
»Privilégier la qualité et viser l'excellence«
(Qualität den Vorrang geben und nach Vorzüglichkeit streben.)**

Im Jahre 1818 heiratete Nicolas François Billecart Élisabeth Salmon. Diese Heirat war die Geburtsstunde des Champagnerhauses Billecart-Salmon. Die Frischvermählten wohnten in Mareuil-sur-Aÿ, wo sich das Champagnerhaus auch heute noch befindet. Der Großvater von Nicolas François produzierte bereits im 17. Jahrhundert Wein und bekam von Ludwig XIV. die Genehmigung, sein eigenes Wappen zu nutzen. Das Haus Billecart-Salmon befindet sich an der Marne, in unmittelbarer Nähe zu Philipponnat, einem anderen Champagnerhaus.

2018 feierte Billecart-Salmon sein 200. Jubiläum. In dem Champagnerhaus hat jedes Familienmitglied seine eigene ganz spezielle Aufgabe. Das funktioniert sehr gut, denn das Unternehmen wird schon in der sechsten Generation geführt.

Bei der Ankunft auf dem Gut sind wir von dem schönen, sorgfältig gepflegten Garten überwältigt. Für die Familie ist der Garten immer noch ein absoluter Blickfang.

Négociant Manipulant
2.000.000 Flaschen

Champagne Billecart-Salmon
40, rue Carnot
F–51160 MAREUIL-SUR-Aÿ
+33 3 26 52 60 22
www.champagne-billecart.fr

Wir werden von dem Gutsleiter François Roland-Billecart begrüßt. Er ist in Begleitung von Jean Roland-Billecart und François Domi, dem *Chef de Cave*, Dennis Blée, dem Manager des Weinguts, sowie Alexandre Badet, dem Geschäftsführer, der für das Image des Champagnerhauses verantwortlich ist.

»Champagner ist unser Leben«, erzählt uns François Roland-Billecart: »Damit sind wir geboren. Wir sind alle hier aufgewachsen, es liegt in unseren Genen.« Daran ändert auch der jährliche Urlaub im Süden nichts. Die Champagne ist ihr Terroir, ihr Zuhause, ihr Leben.

Nach dem Zweiten Weltkrieg war das Haus eher für seine Demi-Sec-Champagner bekannt. Diese Art von Champagner überdeckte die überschüssige Säure des aromatischen Grundweins. »Im Laufe der Jahre haben wir uns vom Dessert-Champagner zum Aperitif-Champagner weiterentwickelt und nun widmen wir uns ausschließlich dem luxuriösen Aperitif-Champagner.«

Das Haus Billecart-Salmon produziert einen kontrollierten Champagner mit jeder Menge Finessen. Dazu werden innovative Methoden genutzt. Die Weinherstellung erfolgt zum Beispiel durch Kaltstabilisierung. Das ist eine Technik, die sie von ihrem Großvater, einem Brauer, übernommen haben. Kaltstabilisierung bedeutet, dass der Most für einige Tage auf −5° C heruntergekühlt wird, bevor die Gärung einsetzt. Die alkoholische Gärung dauert drei Wochen bei einer Temperatur von 12° C. Der *Chef de Cave* François Domi stellt diesen harmonischen und eleganten Champagner bereits seit 30 Jahren her: »Bei der letzten Gärung benutzen wir weniger Hefe, das ergibt feinere Bläschen. Das hat das Haus so entschieden, das ist unser eigener Stil. Probleme bei der Oxidation zu vermeiden, ist eins unserer Steckenpferde.«

François führt uns herum und wir machen vor einem riesigen Sammelbehälter Halt, der größer ist als alle, die wir bisher gesehen haben. Wie groß er genau ist, verrät er uns nicht, aber der Tank ist wirklich unglaublich groß. Das Haus nutzt insgesamt 450 verschiedene Fässer in der *Cuverie*, zusätzlich zu dem großen Tank. Genauso beeindruckend ist das Edelstahl-Förderband, das die Flaschen einzeln durch den dreieinhalb Kilometer langen Keller von einem Stockwerk in das andere transportiert.

→
Im Winter kommen die Schafe zurück nach Clos Saint-Hilaire.

↘
Fässer und reifender Wein im Haus Billecart

↓
Pieter Verheyde und der Butler des Hauses während der Tour

Billecart-Salmon beschreibt sich selbst als einen »kleinen bis mittelgroßen *Négociant*«. Das Haus ist zu 95 % Négociant und besitzt 100 Hektar Land. Außerdem hat das Haus Verträge mit den besten Weinbauern von Avize, Cramant und Le Mesnil-sur-Oger.

Fazit

Für uns ist der Clos Saint-Hilaire (Blanc de Noirs brut) der mit Abstand beste Champagner. Besonders deliziös sind auch der Élisabeth Salmon und der Blanc de Blancs.

Wir schließen mit François Roland-Billecarts Worten: »Wir sind reine Geschäftsleute und waren in der Lage, weitreichende Veränderungen durchzuführen, was uns eine Gesamtproduktion von zwei Millionen Flaschen pro Jahr einbringt. Wir betrachten uns als ein mittelgroßes Champagnerhaus, irgendwo zwischen Massenproduktion und kleinem Familienbetrieb.«

←
Pupitre-Flaschen-
gestell im Keller,
eingelassen in
Kalkstein

↙
Ein gutes
Beispiel für
»Cladosporium«,
eine Pilzgattung,
die während
der Lagerung
entsteht

CUVÉES UND MILLÉSIMES

CUVÉES

BRUT ROSÉ,
ABGEFÜLLT IN DER WELTBERÜHMTEN FLASCHE

Rebsorte	Pinot Noir, Pinot Meunier, Chardonnay
Geschmack	Brut
Zusammenstellung	Eine Assemblage aus Chardonnay, Pinot Meunier und Pinot Noir (rote Vinifikation)

BRUT RÉSERVE

Terroir	Die Trauben kommen nur von den besten Anbauflächen der Marne.
Rebsorte	Pinot Noir, Pinot Meunier, Chardonnay von 100 Jahre alten Reben
Zusammenstellung	Assemblage von drei verschiedenen Jahrgängen
Geschmack	Brut
Fazit	Subtil und harmonisch

BLANC DE BLANCS GRAND CRU

Klassifikation	Grand Cru
Terroir	Fünf verschiedene Crus: Avize, Chouilly, Cramant, Le Mesnil-sur-Oger und Oger
Rebsorte	100 % Chardonnay
Zusammenstellung	Assemblage von zwei verschiedenen Jahrgängen

EXTRA BRUT

Rebsorte	Pinot Noir, Pinot Meunier, Chardonnay
Geschmack	Extra brut
Dosage	0 g/Liter
Fazit	Pur und natürlich

BRUT SOUS BOIS, DIE NEUE KREATION

Rebsorte	Pinot Noir, Pinot Meunier, Chardonnay
Geschmack	Brut
Herstellung	Vinifikation im Fass

DEMI-SEC

Rebsorte	Pinot Noir, Pinot Meunier, Chardonnay
Dosage	Mehr Zuckerzusatz als beim Brut Réserve
Geschmack	Demi-sec

MILLÉSIMES

VINTAGE

Zusammenstellung	Millésime
Geschmack	Extra brut
Fazit	Intensiv und verführerisch

BLANC DE BLANCS

Zusammenstellung	Millésime
Fazit	Eleganter Chardonnay von der Côte des Blancs, mineralisch und präzise. Hier findet man die Stärke von Avize, die Struktur und Lagereigenschaften von Le Mesnil-sur-Oger und die Frische und Finesse von Cramant und Chouilly.

NICOLAS FRANÇOIS BILLECART

Terroir	Eine Assemblage von Côte-des-Blancs-Weinen aus Chouilly und Cramant sowie Pinot Noir aus der Montagne de Reims
Zusammenstellung	Millésime
Herstellung	Dieser Champagner wird in traditionellen Fässern vinifiziert.
Fazit	Ausgewogen und reichhaltig. Dieser Champagner wurde 1964 zu Ehren des Gründers des Hauses kreiert. 1999 wurde die Cuvée *Nicolas François Billecart 1959* in Stockholm von einem Expertengremium bei einer Blindverkostung von 150 Champagnern der größten Häuser zum »Champagne du Millénaire« gewählt. Der 1961er Millésime landete auf dem zwölften Platz.

ÉLISABETH SALMON

Zusammenstellung	Millésime
Geschmack	Brut
Fazit	Dieser Champagner wurde 1988 zu Ehren der Frau des Gründers kreiert.

CLOS SAINT-HILAIRE, BLANC DE NOIRS

Rebsorte	100 % Pinot Noir von Reben aus dem Jahr 1964
Zusammenstellung	Millésime
Geschmack	Brut
Herstellung	Der Wein wird in kleinen Fässern vinifiziert. 1995 war ein sehr gutes Jahr für das Weingut, dies war auch ihr erster Millésime. Eine Anbaufläche ist von drei Seiten abgeschirmt. Sie befindet sich in der Nähe des Vinifikations-Kellers. Im Winter grasen auf diesem Weinberg Schafe, was sehr ungewöhnlich ist.
Fazit	Dieser Champagner wurde 1950 von François Roland entwickelt und nach dem Schutzpatron der Kirche von Mareuil-sur-Aÿ benannt. Er hat großes Potenzial.

CHAMPAGNERHAUS SAVART

Frédéric Savart, das Enfant terrible

Frédéric Savart begrüßt uns mit seinem Lieblingszitat von Pierre Champsaur: »Faire ce que tu aimes, c'est la liberté. Aimer ce que tu fais, c'est le bonheur.« (Zu tun, was du magst, ist Freiheit. Das zu lieben, was du machst, ist Glück.) Bei so einer Begrüßung wissen wir sofort, dass wir

keinen gewöhnlichen oder Gartenwinzer vor uns haben. Frédéric Savart ist das Enfant terrible unter den Champagnerbauern. Erst beim sechsten Versuch bekommen wir endlich einen Termin bei ihm.

Das Champagnerhaus Savart stammt aus dem Jahr 1947. Savarts Großvater René machte Erfahrungen in der Genossenschaft Écueil und sammelte im Laufe der Zeit 700 Flaschen Wein an. Wie für viele andere auch, war es in dieser harten Zeit schwer, vom Champagner zu leben. 1970 übernahm sein Sohn Daniel die Leitung und das Haus behielt bis Mitte der 80er-Jahre seine kleine Produktion bei. 2005 wurde Frédéric unter den wachsamen Augen seines immer noch präsenten Vaters Daniel zum Gutsleiter ernannt.

Frédéric interessierte sich anfangs nicht besonders für den Weinbau. Er war Profifußballer und hatte einen Vertrag im Stade de Reims unterzeichnet. Leider beendete eine schwere Verletzung seine Karriere. Auch sein Studium verlief nicht so gut, wie man es sich wünschen konnte. Damals lernte er jedoch seine jetzige Frau kennen. Sein Vater Daniel bat ihn, nach Hause zurückzukehren. Er hatte die Hoffnung, ihn doch noch überreden zu können, Champagner anzubauen. Frédéric war 20 Jahre alt und wusste noch nicht mal, wie Alkohol schmeckte.

In Avize machte Frédéric Abitur. Während dieser Zeit lernte er den Cousin von Anselme Selosse und zwei weitere »Champagner-Studenten« kennen, von denen einer ein Mitarbeiter von Krug und der andere ein Student des Hauses Bollinger war. Sie verstanden sich gut und sprachen ein Jahr lang über Wein und Barriques. Irgendwann lud der Cousin von Anselme Selosse Frédéric auf das Familiengut ein. Selosse erzählte ihm von seiner Vorliebe für Fasswein. Für Frédéric klang dies wie eine Botschaft von einem anderen Planeten (Selosse war damals noch völlig unbekannt).

Champagne Savart

1, chemin de Sacy

F–51500 ÉCUEIL

(Montagne de Reims)

+33 3 26 84 91 60

www.champagne-savart.com

Aber er war von der Idee total begeistert. Er informierte seinen Vater und sagte ihm, dass er auf die gleiche Weise Champagner herstellen wolle. Weine in Fässern haben mehr Substanz und sind voller im Geschmack. Sein Vater Daniel erlaubte Frédéric, einige Tests auf verschiedenen Anbauflächen durchzuführen – das war etwa 2003–2004. Daniel musste zugeben, dass sein Sohn großartigen Champagner hergestellt hatte, und ermutigte ihn, diesen Weg weiterzugehen. Von 2003–2004 wurde das Haus Savart von Grund auf umgestaltet. Die Savart-Weinberge verteilen sich auf zwei Dörfer, Écueil (Montagne de Reims) und Villers-aux-Noeuds. Das Haus produziert auf vier Hektar Land Trauben, drei davon in Écueil und einer in Villers-aux-Noeuds (le Mont Benoît).

Frédéric lässt alle seine Champagner im Fass gären, aber was uns am meisten überrascht, ist, dass wir keinerlei Holznote wahrnehmen können. Holz wird hauptsächlich als Sauerstoffregler verwendet, nicht für den Geschmack. Die Fassgärung sorgt dafür, dass der Champagner kräftig und lebendig ist.

↑
Sicht auf
den Weinberg
»La Petite
Montagne«

↗
Ein Moment,
auf den man sich
freuen kann:
Die *Habillage* oder
das Verkorken der
Flaschen

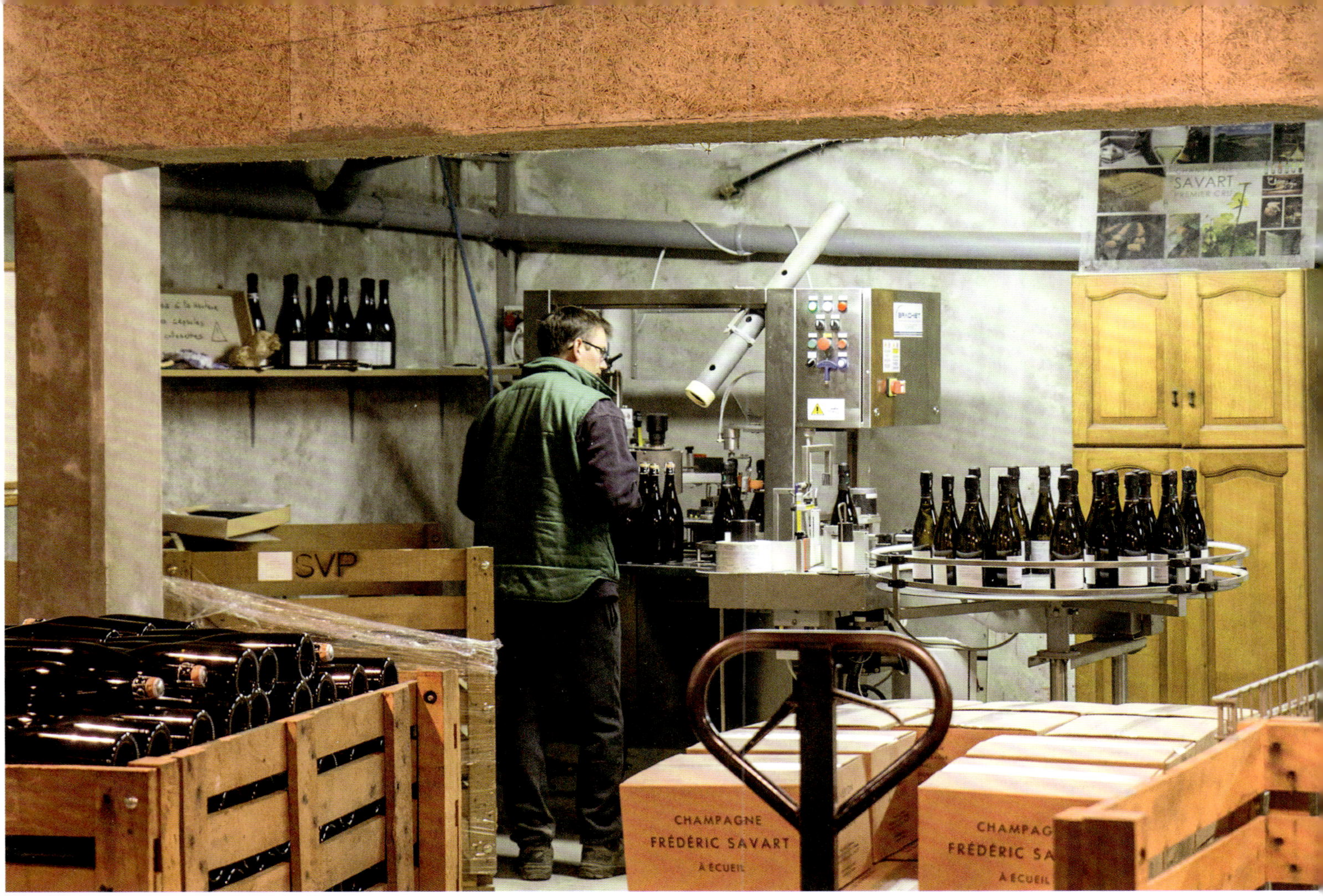
SVP
CHAMPAGNE
FRÉDÉRIC SAVART
À ECUEIL

CHAMPAGNE
SAVART
PREMIER CRU

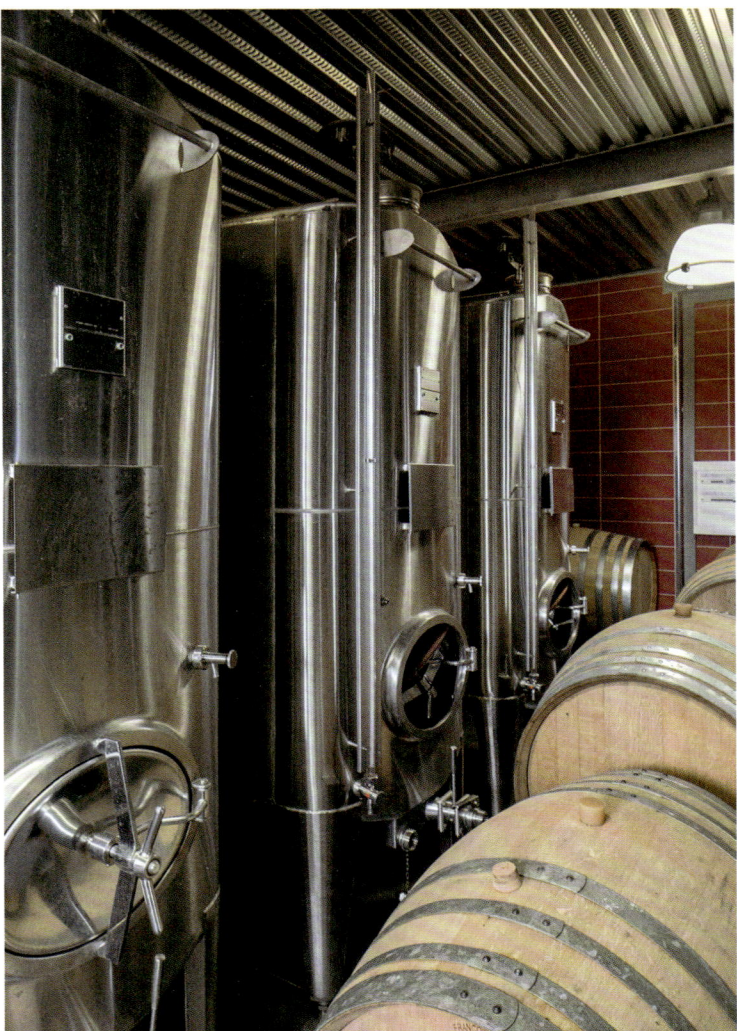

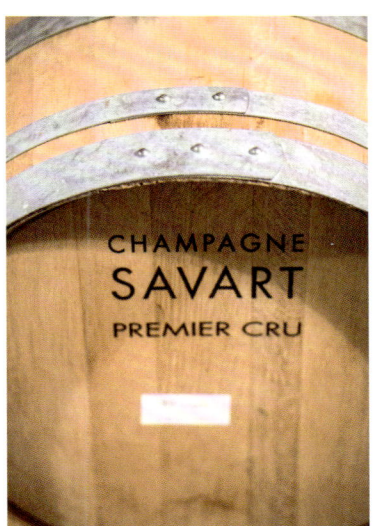

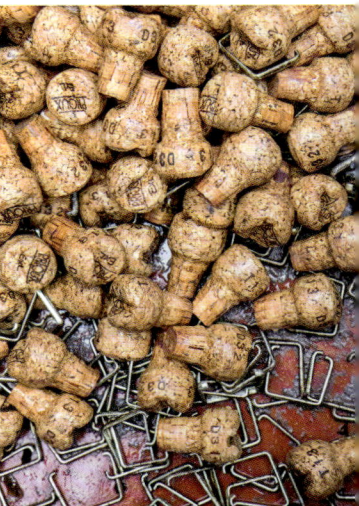

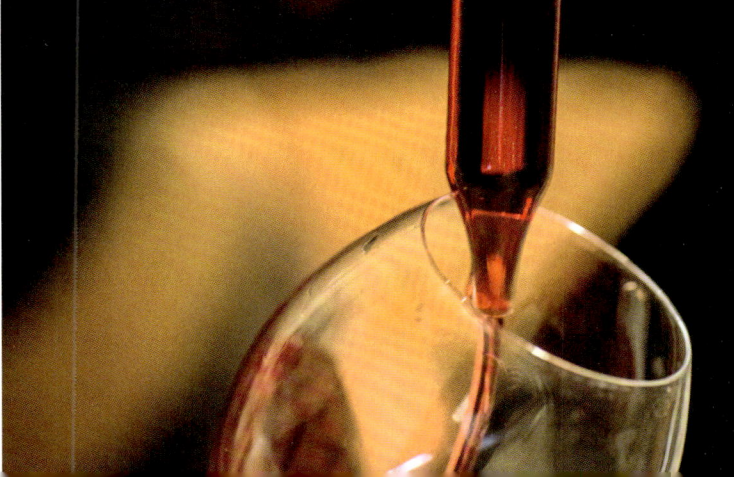

Frédéric verwendet Fässer aus dem Burgund, insbesondere aus Meursault, und Holzfässer aus den Wäldern bei Écueil. 95 % der Weinbereitung erfolgen in österreichischen Stockinger-Fässern, die bei den Winzern sehr beliebt sind.

Für Frédéric ist die Herstellung von Champagner unkompliziert. Für ihn dreht sich alles darum, die besten Trauben und Fässer sowie die beste alkoholische Gärung zu haben. Als Mitglied von »Les Artisans de Champagne« folgt er der Philosophie, so wenig Sulfit wie möglich zu verwenden, ohne malolaktische Verarbeitung und ohne *Bâtonnage*. Das Markenzeichen von Frédéric ist, alles so natürlich wie möglich zu belassen und die Säure im Wein zu erhalten.

Er nennt seine Champagner »Vins identitaires«, einzigartige Weine, weit entfernt von standardisierten Aromen. Frédéric selbst ist ein großer Weinliebhaber und scheut sich nicht, Weine von verschiedenen anderen Weingütern zu trinken. Er besucht gerne Restaurants und probiert seine Weine lieber mit verbundenen Augen. Auf diese Weise meint Frédéric, die Menschen dahinter besser kennenlernen zu können.

Die Savart-Champagner sind eher unbekannt. Sie sind sehr selten, aber bei uns Weinliebhabern sehr beliebt.

Das Haus Savart produziert 30.000 bis 40.000 Flaschen pro Jahr, davon 65 % für den Export, unter anderem in die USA, Kanada, Finnland, Norwegen, Schweden, Belgien, die Niederlande und Russland. Das erfordert viel Logistik.

↓
Frédéric Savart, ehemaliger Fußballspieler und *Enfant terrible* bei der Verkostung

Fazit

Der Savart-Champagner machte großen Eindruck auf uns. Der Wein hat wirklich eine eigene Identität, in der man den Erfindungsreichtum seines Schöpfers deutlich erkennen kann. Frédéric ist sehr eng in den gesamten Prozess eingebunden. Beim Trinken seines Champagners spürt man das große Fachwissen und die ausgefeilte Technologie, die hinter all dem stecken.

Für uns ist dies ein echtes Spitzenhaus und ein »Muss« im Keller.

Dieser Champagner ist selten, aber dennoch erschwinglich.

CUVÉES UND MILLÉSIMES

LE MONT BENOÎT

Klassifikation	Premier Cru
Terroir	Villers-aux-Nœuds
Boden	Lehm, Kalkstein
Rebsorte	95 % Pinot Noir, 5 % Chardonnay
Dosage	3 g/Liter
Geschmack	Extra brut

EXPRESSION

Klassifikation	Premier Cru
Terroir	Écueil
Boden	Lehm, Kalkstein
Rebsorte	100 % Pinot Noir, sehr alte Reben
Dosage	3 g/Liter
Geschmack	Brut nature
Herstellung	Zehn Monate *sur lies*

L'OUVERTURE

Klassifikation	Premier Cru
Terroir	Écueil
Rebsorte	100 % Pinot Noir
Zusammenstellung	Millésime
Dosage	7 g/Liter
Geschmack	Brut

BULLE DE ROSÉ

Klassifikation	Premier Cru
Terroir	Écueil
Rebsorte	70 % Pinot Noir, 22 % Chardonnay, 8 % Pinot Noir in Rotwein
Dosage	6 g/Liter
Geschmack	Brut

MILLÉSIME 2013

Terroir	Écueil, Villers-aux-Nœuds sowie die Ortschaften Les Rosets und Mont Benoît
Rebsorte	60 % Pinot Noir, 40 % Chardonnay
Zusammenstellung	Millésime
Dosage	3 g/Liter
Geschmack	Extra brut

EXPRESSION ROSÉ

Klassifikation	Premier Cru
Terroir	Écueil
Boden	Lehm, Kalkstein
Rebsorte	100 % Pinot Noir, alte Reben
Zusammenstellung	Millésime
Dosage	0 g/Liter
Geschmack	Brut nature
Herstellung	Zehn Monate *sur lies*

LE MONT BENOÎT (MILLÉSIME)

Klassifikation	Premier Cru
Terroir	Villers-aux-Nœuds
Boden	Lehm, Kalkstein
Rebsorte	95 % Pinot Noir, 5 % Chardonnay
Zusammenstellung	Millésime
Dosage	3 g/Liter

LE MONT DES CHRÉTIENS

Klassifikation	Premier Cru
Terroir	Écueil
Rebsorte	100 % Chardonnay
Zusammenstellung	Millésime
Dosage	3 g/Liter
Geschmack	Extra brut

L'ACCOMPLIE

Klassifikation	Premier Cru
Terroir	Écueil, Villers-aux-Nœuds
Rebsorte	80 % Pinot Noir, 20 % Chardonnay
Dosage	5 g/Liter
Geschmack	Extra brut

CHAMPAGNERHAUS ULYSSE COLLIN

Olivier Collin,
Leidenschaft für die Anbaufläche

Das Weingut Ulysse Collin liegt in der Weinbaugemeinde Congy entlang der Morin-Hänge, wenige Kilometer südwestlich der Côte des Blancs. Auf den ersten Blick sieht Olivier eher wie ein Künstler als ein Champagner-Hersteller aus.

Die Familie Collin baut seit 1812 Trauben an, aber Oliviers Karriere ist nicht geradlinig verlaufen. Er studierte Jura, entdeckte seine Leidenschaft für die großen Burgunderweine und verspürte den Wunsch, selbst Champagner herzustellen.

Bevor Olivier die Weinberge übernahm und sein Wissen erweiterte, absolvierte er ein Praktikum bei Anselme Selosse und studierte gleichzeitig Weinbau in Bordeaux.

Olivier übernahm das Familienunternehmen im März 2003 und begann 2004 sein erstes Jahr als Winzer auf dem Grundstück Pierrieres. Er beschloss, sich ausschließlich auf die Produktion von Champagner auf separaten Anbauflächen zu konzentrieren; zu einer Zeit, als diese Art der Produktion in der Regel nur wenige tausend Flaschen umfasste.

Als Olivier das Unternehmen übernahm, war der Boden seiner Weinberge seit 20 Jahren nicht mehr bewirtschaftet worden. Seine erste Investition war ein Traktor, der das Gelände pflügte und das mikrobiologische Leben reaktivierte, das für die Herstellung großartiger Terroir-Weine so wichtig ist. So entstand seine Art des Weinbaus, pragmatisch und naturverbunden, auf eine nicht zertifizierte ökologische Art und Weise.

Champagne Ulysse Collin

19–21, rue des Vignerons

F–51270 CONGY

+33 3 26 52 46 62

Er verwendet kein Kupfer, um die Trauben vor Schimmel und anderen Pilzen zu schützen. Für ihn reduziert der Einsatz von Kupfer die mikrobiologische Aktivität im Boden. Er benutzt keine Pestizide oder Herbizide, sondern nur Schwefelpulver.

Die Weine werden nicht gefiltert. Um den Boden zu entgiften und vor Erosion zu schützen, lässt er nach der Ernte zwischen den Weinbergen Gras wachsen.

Olivier Collin stellt fünf verschiedene Cuvées her. Sie alle haben ihren eigenen Charakter. Das Wichtigste für die Aufrechterhaltung dieser Charaktere sind gute Fässer, eine spontane Gärung mit einheimischen Hefen, niedrige Zuckerzugaben und keine Filtration.

Olivier glaubt, dass in der Champagne, einer der am stärksten industrialisierten Regionen Frankreichs, die Arbeit der Winzer dazu beitragen kann, die Region wieder in den Fokus zu rücken.

Er selbst besitzt eine traditionelle Presse. Diese Presse aus den 1950er-Jahren war die erste Presse in Congy. Während der Ernte wird sie von vier Personen zwölf Tage lang betrieben, achtzehn Stunden am Tag. Diese manuelle Pressung erhöht den Tanningehalt des Weins und sorgt für mehr Geschmack. Anschließend wird der Wein fermentiert und in Fässern gelagert. Dies geschieht bei einem Großteil der Weine, und wenn nötig, werden weitere Fässer für die Lagerung eingesetzt. Seit 2012 nutzt Olivier Foudres zur Lagerung der Reserveweine.

↑ Olivier Collin, ein Ästhet und leidenschaftlicher Winzer

↖ Eingang des »Maison Collin« in Coney

↗ Das Steckenpferd, die traditionelle, quadratische, horizontale Coquard-Presse

Fazit   Das Gut Ulysse Collin produziert derzeit 50.000 Flaschen charismatischen »Parzellen-Champagner« und hat sich damit zu einem Magneten für Liebhaber von herausragendem Champagner entwickelt.

←
Lagerung in
Holzfässern
bei Collin

↗
Edelstahlsam-
meltank mit
den kleinen
Holzfässern im
Vordergrund

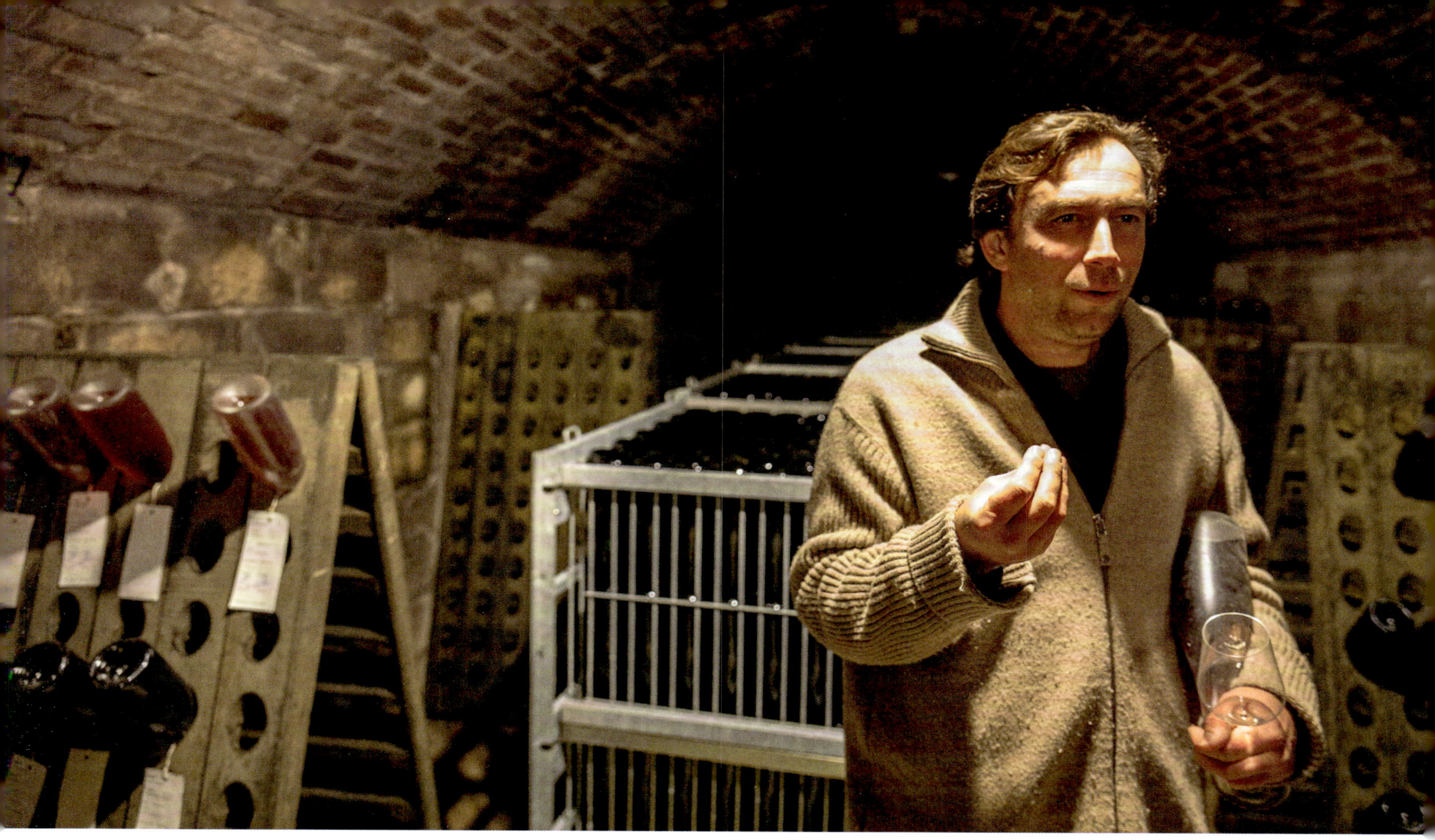

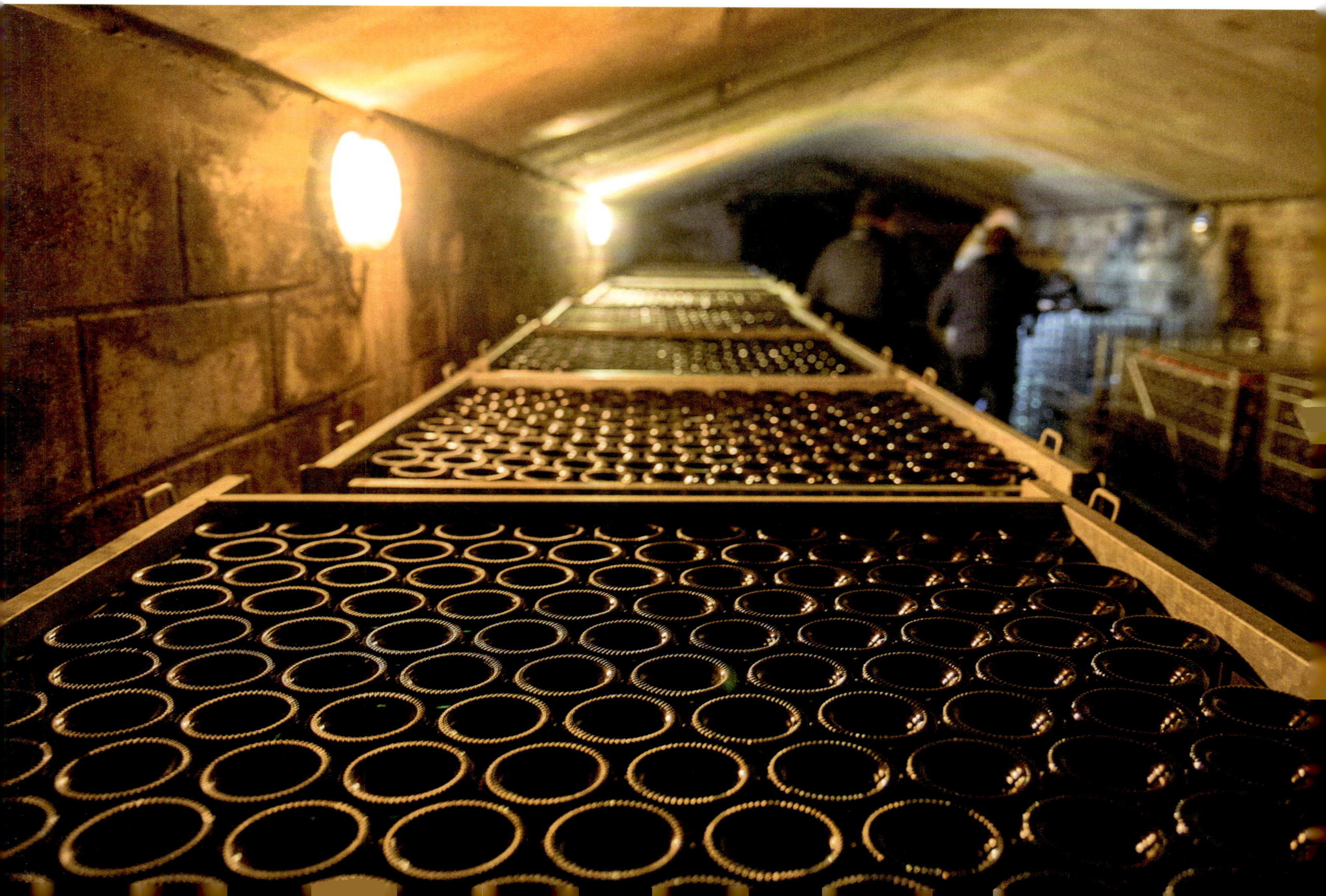

→
Geschenkbox
mit seltenen
Cuvées aus
limitierter Edition

CUVÉES UND MILLÉSIMES

LES PIERRIÈRES, BLANC DE BLANCS
(COTEAU DU MORIN)

Terroir	Einzelner Weinberg. Die Trauben kommen von einer 1,2 Hektar großen Parzelle, mit wenig Sonnenlicht und einer ebenen Kreideschicht. Der Hang ist nach Südsüdost ausgerichtet.
Boden	Der Boden besteht aus Ton und Kalk, auf weicher Kreide mit schwarzem Kieselgestein (Onyx). Diese Kombination ist in der Champagne sehr selten und trägt zum einzigartigen Geschmacksprofil bei.
Rebsorte	Chardonnay, von vierzig Jahre alten Reben
Geschmack	Extra brut
Herstellung	Seit 2004: Reifung für 36 Monate *sur lattes* nach einjähriger Lagerung in Fässern

LES MAILLONS, BLANC DE NOIRS
(SÉZANNAIS)

Terroir	Einzelner Weinberg. Die Anbaufläche liegt in der Region Sézanne und ist nach Osten ausgerichtet.
Boden	Der Boden ist hier tiefer, und der Lehm ist reich an Eisen. Die darunterliegende Schicht ist kalkhaltig. Diese Faktoren unterstreichen den vollen Geschmack des Pinot Noir.
Rebsorte	Pinot Noir, von 45 Jahre alten Reben
Geschmack	Extra brut
Herstellung	Seit 2006 wird der Wein in Eichenfässern vinifiziert und für elf Monate gelagert. Danach wird er 36 Monate *sur lattes* gelagert.

LES ENFERS, BLANC DE BLANCS
(COTEAU DU MORIN)

Terroir	Einzelner Weinberg. Die Anbaufläche liegt auf den Hängen von Congy in der Nähe von Les Roises und ist nach Osten ausgerichtet.
Boden	Der Boden hat eine obere Schicht aus rotem Ton mit darunterliegender kampanischer Kreide.
Rebsorte	Chardonnay, von 40 Jahre alten Reben
Geschmack	Extra brut
Herstellung	Der Wein wird in Eichenfässern vinifiziert und die malolaktische Gärung findet nur unvollständig statt. Er wird weder geklärt noch gefiltert und ruht dann 72 Monate lang *sur lattes*.

LES ROISES, BLANC DE BLANCS
(COTEAU DU MORIN)

Terroir	Einzelner Weinberg. Die Anbaufläche liegt auf den Hängen von Congy und ist nach Süden ausgerichtet.
Rebsorte	100 % Chardonnay, von 65 Jahre alten Reben
Geschmack	Extra brut
Herstellung	Der Wein wird in Eichenfässern vinifiziert und 18 Monate lang gelagert. Die Reifung *sur lattes* dauert 48 Monate. Limitierte Auflage von 3.600 Flaschen pro Jahr.

LES MAILLONS, ROSÉ DE SAIGNÉE
(SÉZANNAIS)

Dosage	2,4 g/Liter
Geschmack	Extra brut

CHAMPAGNERHAUS CÉDRIC BOUCHARD

**Cédric Bouchard,
ein aufgehender Stern in der Champagne**

Cédric Bouchard ist ein zurückhaltender Mann. Wenn Sie ihn kontaktieren, seien Sie nicht überrascht, wenn er nicht antwortet, zumindest nicht sofort. Der Grund dafür ist einfach: Er hat nur ein begrenztes Kontingent an Wein. Deshalb mag er Verkostungen nicht, und

aus diesem Grund hat er in den letzten zwei Jahren auch nur zwei davon angeboten. »Ich will die Menschen nicht enttäuschen, indem ich ihnen eine Geschichte erzähle, aber keinen passenden Wein zum Probieren habe«, sagt er.

Letztendlich war er aber entzückt von dem Grund unseres Besuchs, ein Buch über die besten Champagner zu schreiben. Wenn er nicht in dieses Buch aufgenommen werden sollte, dann war es das Buch nicht wert, geschrieben zu werden. Diese Bemerkung hat das Eis gebrochen.

Cédric Bouchard begann als *Caviste* in Paris, erkannte aber schnell, dass er lieber selbst Wein herstellen würde, als ihn zu verkaufen. Seine Ausbildung absolvierte er in Beaune, im Burgund. Bouchard ist einer der aufgehenden Sterne in der Welt des Champagners, ein Mann, der immer neue Herausforderungen braucht.

Sein erstes Projekt war die »Cuvée Inflorescence«. Die Anbauflächen befanden sich im Besitz seines Vaters und er hat diese aufgekauft. Die »Cuvée Inflorescence« existiert nicht mehr, sie wurde ersetzt durch »Roses de Jeanne, Côte de Val Vilaine« und »Roses de Jeanne, Côte des Béchalins«. Der Name »Roses de Jeanne« bezieht sich auf die Rosen, die man auf dem Weinberg findet, und auf Cédrics Großmutter Jeanne, eine Dame mit polnischen Wurzeln. Er hat bewusst nicht den Namen »Bouchard« gewählt, da es viele Bouchards gibt, und mit der Bezeichnung »Roses de Jeanne« hat er sich deutlich von ihnen abgegrenzt.

Récoltant Manipulant
15.000 Flaschen

Champagne Cédric Bouchard
13, rue desViviers
F–10110 CELLES-SUR-OURCE
+ 33 3 25 29 69 78
www.champagne-rosesdejeanne.fr

Cédric arbeitet auf dem Gut mit seinem Cousin Guillaume, der auf dem Anwesen Mortet in Burgund beschäftigt war, und mit seiner Frau Émilie zusammen. Alles wird manuell gemacht, bis hin zur Etikettierung, dem Einwickeln der Flaschen in Seidenpapier und dem Zunageln der Kartons. Im Jahr 2000 ließ Cédric sein eigenes Etikett herstellen. Die vielen Informationen darauf erschweren das Lesen.

Cédric nutzt nur Anteile von Weinbergen mit jeweils nur einer Rebsorte. Er verwendet Pinot Noir, Pinot Meunier und Chardonnay. Er ist immer auf der Suche nach individuellen Champagnern mit eigenem Charakter. Diese sogenannten Monocépages bedeuten: eine Anbaufläche, eine Traube, ein Jahr. Er wählt Weine aus, bei denen der Jahrgang oder das Terroir im Vordergrund steht, und keine Verschnittweine, von denen man nie genau weiß, was darin enthalten ist. Jeder Wein wird aus der ersten Pressung hergestellt, mit spontaner Gärung und ohne Zuckerzusatz. Das bringt den einzigartigen Charakter jedes Terroirs besser zum Ausdruck. Für Cédric zählt nur höchste Qualität.

Nach der Ernte werden drei Pressungen durchgeführt, von denen nur die erste verwendet wird. Der Most wird sofort in Bottiche abgefüllt und der Champagner in Edelstahl-*Cuves* gelagert. Warum Edelstahl? Weil Cédric *la bulle* (Bläschen) und Holz nicht mag.

Er arbeitet ökologisch und wählt die Trauben sorgfältig aus. Er lässt die Natur ihre Arbeit machen und greift nie oder nur in Ausnahmefällen ein. Es kommt sogar vor, dass es keine *Soustirage* gibt, was bedeutet, dass der Wein bis zur Abfüllung *sur lies* bleibt (*lies* ist das Hefesediment). Wenn das Hefesediment zu dick wird, wird es entfernt.

Cédric hat sich für eine lange, langsame, kalte Gärung entschieden, deshalb widmet er dem Keller viel Arbeit. Dadurch hat der Champagner weniger Bläschen und schmeckt weinähnlich, schön vollmundig. Um die Reifung zu unterstützen, wird ein Minimum an Sulfit hinzugefügt. Es mag egoistisch klingen, aber Cédric stellt nur Champagner her, den er selber mag.

→
Der seltene
Pinot Blanc aus
Cédric Bouchards
kleiner Vinotheque

↓
Verkostung mit
Cédric Bouchard
in seinem alten
Keller in Landreville

Diese sorgfältige Arbeitsweise führt dazu, dass das Haus eine sehr niedrige Rendite aufweist, die niedrigste in der Champagne. Bouchard produziert viermal weniger als ein regulärer Champagner-Hersteller, nur 15.000 Flaschen auf 3,45 Hektar. Das Durchschnittsalter der alten Reben beträgt 35 Jahre.

2008 ernannte ihn der Gault Millau zum großartigsten Champagner-Produzenten mit den besten Weinen.

Wir besuchen seinen Keller in Landreville, in einem wunderschönen Haus, in dem die Familie zurzeit lebt. Aus Platzgründen sind sie von Celles-sur-Ource nach Landreville gezogen. Später werden sie nach Celles-sur-Ource zurückkehren. Das Haus in Landreville stammt aus dem 18. Jahrhundert und gehörte ursprünglich Arsène Olivier, einem Pariser Anwalt, Politiker und Planer von U-Bahn-Stationen. Das Haus war ein Wochenendhaus, welches mit für die damalige Zeit modernen Geräten ausgestattet war. Man konnte die Diener im Keller rufen, indem man mit dem Fuß auf einen Knopf im Salon drückte; es gab Dampfheizungen und Duschen, die mittels Schwerkraft funktionierten. Cédric plant, die Immobilie in ein Gästehaus umzuwandeln für Kollegen aus der Industrie, Lieferanten, Journalisten etc.

Der Keller im Haus ist toll. Es gibt keinen Modergeruch. Bei der Verkostung schließt sich uns sogar eine Fledermaus an. Das hohe Alter der Kellereien macht sie zu einem idealen Ort für die Weinlagerung. Aber Cédric hat wenig Lagerbestand, und wenn ihm jemand eine Roses de Jeanne Creux d'Enfer liefern könnte, würde er sich sehr freuen.

Fazit   Cédric Bouchard ist ein fantastischer Champagner-Hersteller. Er sagt uns, dass sein Champagner dekantiert werden darf, und er selbst entscheidet sich für ein einfaches Weinglas statt für ein Champagnerglas. Cédric vertraut uns an, dass er derzeit an einem Projekt in den Chablis, Côtes de Nuits, im Dorf Molène hauptsächlich mit Pinot Noir arbeitet. Es ist ein Stück Land von den Zisterziensern. Wir empfehlen Ihnen wirklich, diesen Mann, seinen Champagner und seine Projekte im Auge zu behalten.

CUVÉES UND MILLÉSIMES

ROSES DE JEANNE, CÔTE DE VAL VILAINE, BLANC DE NOIRS

Nachfolger der Inflorescence-Cuvée

Terroi	1,5 Hektar große Anbaufläche in Val Vilaine
Rebsorte	100 % Pinot Noir
Dosage	0 g/Liter
Herstellung	3.600 bis 6.000 Flaschen pro Jahr

ROSES DE JEANNE, CÔTE DES BÉCHALINS, BLANC DE NOIRS

Nachfolger der Inflorescence-Cuvée

Terroir	1,5 Hektar große Anbaufläche in Côte des Béchalins
Rebsorte	100 % Pinot Noir
Herstellung	Dieser Champagner wird drei Jahre lang *sur lies* gelagert und immer als Jahrgangs-Cuvée abgefüllt. Etwa 1.800 Flaschen pro Jahr.

ROSES DE JEANNE, LES URSULES, BLANC DE NOIRS

Terroir	0,9 Hektar große Anbaufläche
Rebsorte	100 % Pinot Noir
Herstellung	Dieser Champagner wird seit 2014 produziert. Etwa 3.000 bis 3.600 Flaschen pro Jahr.

ROSES DE JEANNE, LA HAUTE LEMBLÉE, BLANC DE BLANCS

Terroir	Die Trauben stammen aus fünf 0,5 Hektar großen Anbauflächen.
Rebsorte	100 % Chardonnay
Herstellung	Dieser Champagner ist limitiert.

ROSES DE JEANNE, LA BOLORÉE, BLANC DE BLANCS

Terroir	Dies ist ein sehr alter, seltener Pinot Blanc von einer 21,7 Hektar großen Anbaufläche. Ursprünglich war Cédric nicht an diesem Grundstück interessiert. Es wurde mit Strohhalmen ausgelost, Cédric zog den Kürzeren und kam in den Besitz dieses kleinen Grundstücks.
Boden	Der Boden enthält eine Kalksteinader, die dem Champagner seine Mineralität verleiht.
Rebsorte	100 % Pinot Blanc
Fazit	Wir haben eine Schwäche für diesen Champagner.

ROSES DE JEANNE, LE CREUX D'ENFER, ROSÉ DE SAIGNÉE

Terroir	Ein Rosé-Champagner aus 100 % Pinot Noir von einer sieben Hektar großen Anbaufläche
Rebsorte	100 % Pinot Noir
Herstellung	Die Pinot-Noir-Traube wird ausgepresst und es findet keine Mazeration statt. Es wird kein roter Wein zugesetzt. Cédric erklärt uns, dass dies ein sehr schwieriger Prozess ist, weshalb es sich hierbei um ein seltenes Produkt handelt.

CHAMPAGNERHAUS FLEURY COURTERON

**Jean-Sébastien Fleury,
ein Pionier des biodynamischen Weinbaus seit 1989**

↑
Jean-Sébastien
Fleury, ein Pionier
des ökologischen
Anbaus von
Champagner

Wir fahren in die südlichste Region der Champagne, die Aube. Dies ist die Region der Côte des Bar, zwischen Bar-sur-Seine, Bar-sur-Aube und Les Riceys, im Bezirk Troyes. Wir sind hier näher bei Chablis als bei Reims, nur acht Kilometer von der Grenze zum Burgund entfernt. Früher begann das Burgund bereits bei Bar-sur-Seine. Mit der Französischen Revolution wurden die Grenzen der Champagne weiter nach Süden verschoben.

In Courteron, einem kleinen Dorf mit wenigen Seitenstraßen und 120 Einwohnern, suchen wir das Champagnerhaus Fleury. Ich probierte diesen Champagner erstmals im Restaurant Gabbro in Lille und am Table d'Amis in Kortrijk. Ich war sofort begeistert und hatte bald darauf einen Termin bei der Familie Fleury vereinbart.

An der Wand des Kellers steht »Biodynamie depuis 1989«. Der aufdringlich platzierte Text macht mich etwas skeptisch, aber wir sind trotzdem neugierig.

Wir werden von Jean-Sébastien Fleury mit einem breiten Lächeln empfangen. Er ist ein sympathischer Mann, der das Leben offenbar genießt. Er ist der Sohn des Hauses und auch der Leiter des Guts. Er wurde 1976 geboren und gehört damit zur jüngeren Generation der Weinbauer.

Das Champagnerhaus Fleury wurde vor vier Generationen im Jahr 1895 gegründet. Fleurys Urgroßvater war ein Pépiniériste und Weinbauer. Pépiniériste bedeutet »Baumzüchter«, aber auch Züchter von Weinreben. Er und sein Sohn setzten sich dafür ein, die Aube in die Champagnerregion aufzunehmen. Fleury befindet sich an der Côte des Bar, und geologisch betrachtet, stammt der größte Teil dieses Gebiets aus der kimmeringischen Zeit. Diese Ära ist nach dem Dorf Kimmeridge in England benannt.

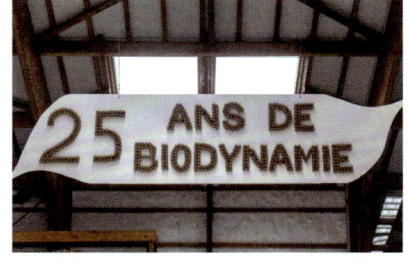

Récoltant Manipulant
200.000 Flaschen

Champagne Fleury Courteron
43, Grande Rue
F–10250 COURTERON
+33 03 25 38 20 28
www.champagne-fleury.fr

Der Kimmeridge-Boden, der aus zusammengepressten, kleinen, versteinerten *Exogyra-Virgula*-Austern besteht, bildete sich hier vor etwa 157–150 Millionen Jahren. Das schmeckt man beim Verkosten des Champagners – das edle Getränk verfügt über eine ansprechende Mineralität. Bei Fleury ist der Kimmeridge-Ton mindestens 45 Zentimeter tief, manchmal auch 110 Zentimeter oder mehr. Es gibt auch Grundstücke, auf denen der Boden aus der Portlandperiode stammt. Diese Bodenart ist etwas jünger und produziert daher weniger komplexe Weine.

Jean-Sébastian erzählt uns, dass er eng mit seinem Vater Jean-Pierre und seinem Bruder Benoît zusammenarbeitet. Seine Schwester Morgane kümmert sich um den kaufmännischen Bereich. Auf diese Weise wird das Gut schon für die nächste Generation vorbereitet.

Jean-Sébastians Vater ist Astronom. Er wollte schon immer etwas machen, das sowohl mit den Sternen als auch mit seinem Weinberg zu tun hat. 1989 war dieses Champagnerhaus das erste, das drei Hektar Land ökologisch bearbeitete. 1992 erfolgte die komplette Umstellung auf den biodynamischen Weinbau und 1994 die Zertifizierung. Jean-Sébastien, der früher Programmierer war, begann 2009 mit der Weinherstellung im Weinberg.

→
Nahaufnahme der
Coquard-Presse

↙
Die kleine Kirche
von St. Lambert
und Blick über
Courteron

Unsere Tour führt uns in eine große Halle, wo uns eine *Coquard*-Horizontalpresse von 1990 ins Auge fällt. Die *Coquard* ist eine der ältesten Pressen, bei der der Saft sofort mit Sauerstoff in Berührung kommt. Diese Oxidation kann gefährlich sein, aber Sauerstoff kann den Most auch anregen. Dieser traditionelle Prozess basiert auf der großen Liebe des Hauses zum Weinberg, zur Natur und zur Ökologie. Die Weinkellerei liegt an einem Hang, so dass sie sich die Schwerkraft zunutze machen kann. Dies ist eine Besonderheit, die von vielen Winzern geschätzt wird. Die geernteten Trauben werden zuerst auf eine höhere Ebene gebracht, wo sie gepresst werden. Anschließend fließt der Saft in ein niedrigeres Stockwerk ab. Dadurch entfällt die Notwendigkeit des Pumpens. Egal, wie sanft eine Pumpe arbeitet, sie schadet dem Wein. Tatsache ist, dass die Qualität des Champagners zur Hälfte von der Pressung abhängig ist.

Fleury besitzt 15 Hektar Land, außerdem kauft er von zwei ökologisch arbeitenden Winzern Trauben von sieben Hektar Land hinzu.

Heute produziert Fleury zwischen 180.000 und 220.000 Flaschen, die Hälfte davon ist für den Export bestimmt. Das Unternehmen exportiert nach Hongkong, Singapur, Japan, in die USA, Kanada, Brasilien, Skandinavien und andere europäische Länder. Die meisten Ausländer kennen das Fleury-Haus durch die von Schwester Morgane in Paris betriebene »Cave Fleury«.

Auf dem Weingut sind fünfzehn Menschen beschäftigt, von denen sieben kontinuierlich im Weinberg und in den Kellern arbeiten. Alle Millésimes werden vor dem *Dégorgement* verkorkt. Zehn Prozent werden im Fass vinifiziert, insgesamt sind es 65 Fässer. Alle Weine durchlaufen eine malolaktische Gärung. Die Reifung in der Flasche kann bis zu zehn Jahren dauern.

Heute hat Fleury im Durchschnitt Champagner aus fünf Jahrgängen auf Lager.
Der Einstiegschampagner wird drei Jahre lang gelagert. Seit 2007 gibt es neue
60-Hektoliter-Foudres, die vom Haus Vicard in Cognac hergestellt werden,
ein Muss für Reserveweine. Reserveweine werden nach dem Solera-System gelagert,
das vor allem für Sherry verwendet wird.

Fazit   Das Département Aube befindet sich zwar weit weg von Reims, dem heutigen
Zentrum der Champagne, aber die Qualität des Fleury-Champagners ist erstklassig.

Der Wein reift
»sur lattes«.

CUVÉES UND MILLÉSIMES

BLANC DE NOIRS

Rebsorte	100 % Pinot Noir
Zusammenstellung	30 % Reservewein
Dosage	7,5 g/Liter
Geschmack	Brut

FLEUR DE L'EUROPE

Rebsorte	85 % Pinot Noir, 15 % Chardonnay
Geschmack	Brut

ROSÉ DE SAIGNÉE

Rebsorte	100 % Pinot Noir
Geschmack	Brut

CÉPAGES BLANCS 2005

Rebsorte	100 % Chardonnay
Geschmack	Extra brut

TRILOGIE 1995

Rebsorte	80 % Pinot Noir, 20 % Chardonnay
Geschmack	Diesen Millésime gibt es in drei verschiedenen Dosagen: extra brut, brut und doux
Fazit	Sortenreiner Wein; Frische, Länge; Honig und Lebkuchen

ROBERT FLEURY 2005

Rebsorte	35 % Pinot Noir, 12 % Pinot Meunier, 25 % Chardonnay, 28 % Pinot Noir
Dosage	2,9 g/Liter
Geschmack	Extra brut

BOLÉRO 2005

Rebsorte	100 % Pinot Noir
Dosage	3,8 g/Liter
Geschmack	Extra brut

NOTES BLANCHES, BLANC DE BLANCS

Rebsorte	100 % Pinot Noir
Geschmack	Extra brut nature
Fazit	Vollmundig

CHAMPAGNERHAUS ROGER BARNIER

**Frédéric Berthelot,
Qualität ohne Allüren**

Wir sind eine halbe Stunde von der Côte des Blancs entfernt. Frédéric Berthelot, der zur
fünften Generation des 1932 gegründeten Roger-Barnier-Hauses gehört, empfängt uns.
Dem Haus gehören verschiedene Grundstücke in der Region Villevenard.
Alle Grundstücke sind auf Hängen gelegen. Insgesamt besitzt das Haus 8,35 Hektar Land,
verteilt auf verschiedene Dörfer. Einige Anbauflächen sind bereits hundert Jahre alt,
aber die Reben haben nur ein Durchschnittsalter von vierzig Jahren. Die erste Barnier-
Generation bestand aus *Récoltants Manipulants*, welche bereits die Absicht hatten,
Champagner selbst herzustellen. Das Haus produziert mithilfe von
Reserveweinen hervorragenden Champagner – ganz ohne Allüren.

Récoltant Manipulant
50.000 Flaschen

Champagne Roger Barnier
30, rue Vigne L'Abesse
F–51270 VILLEVENARD
+ 33 3 26 52 82 77
www.champagne-roger-barnier.fr

Während meines Besuchs lädt mich Frédéric zu einem Picknick auf einem der steilen Hänge von Villevenard ein. Wir verkosten einen sehr eleganten 100%igen Pinot-Meunier-Champagner. Dieser Champagner ist nicht trivial, aber dennoch auch für den Laien geeignet und eine angenehme Überraschung für den Experten. Der Champagner ist ansprechend und solide und wird traditionell im altfranzösischen Stil hergestellt.

Fazit

Mit einer Jahresproduktion von 50.000 Flaschen ist dies ein kleines Champagnerhaus. Es gehört weder zur Côte des Blancs noch zu den Coteaux du Sézannais. Das Ergebnis ist ein Chardonnay-Champager, der weinähnlicher ist als die Chardonnay-Champagner der Côte des Blancs, aber eleganter als die der Coteaux du Sézannais. Ich kann nur feststellen, dass der Roger-Barnier-Champagner einer meiner Lieblingschampagner ist.

↑
Blick auf den steil abfallenden Weinberg in Villevenard

↗
Separate Tanks für einzelne Anbauflächen

→
Weinlagerung im Amphorenprojekt

← ←   ↑   →

Die runde   Sowohl der   Lagerung
Coquard-Presse   Weinberg als   in Holzfässern
bei Barnier   auch der Keller   bei Barnier
     werden sorgfältig
←   überwacht.   ↘

Frédéric Barnier   Pieter Verheyde
und eine Nahauf-   ↓   und Frédéric
nahme der   Barniers erster   Barnier im
Coquard-Presse   Keller   Sur-lattes-Raum

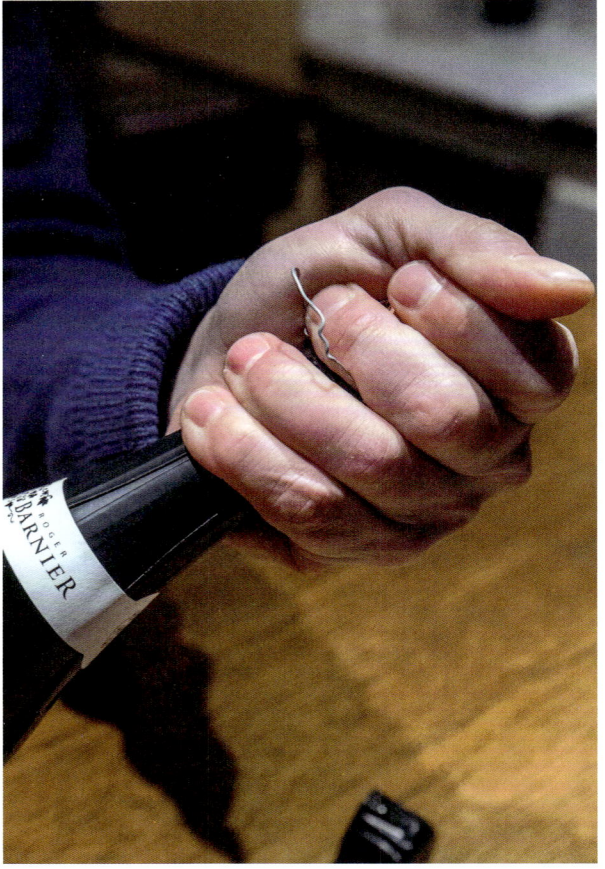

CUVÉES UND MILLÉSIMES

ROGER BARNIER CUVÉE SÉLECTION

Rebsorte	10 % Pinot Noir, 32 % Pinot Meunier, 58 % Chardonnay

CUVÉE LES NUITS BLANCHES

Terroir	Die Trauben von drei verschiedenen Anbauflächen, Le Perrier, Les Foulonnes und Les Greffières.
Rebsorte	100 % Chardonnay
Zusammenstellung	Millésime
Dosage	Geringer Zuckergehalt
Herstellung	Dieser Champagner reift im Fass und hat einen geringen Zuckeranteil. Dieser Champagner, der nur in Magnum-Flaschen erhältlich ist, ist dem Festival *Les Nuits Blanches* gewidmet.

CUVÉE EXQUISE, 2006

Terroir	Die Trauben kommen von verschiedenen Anbauflächen: Chardonnay aus Le Perrier und Les Greffières, Pinot Meunier aus Les bas jardins und Les Clos-prieurs, Pinot Noir aus Les Marboutteries
Rebsorte	25 % Pinot Noir Tête de Cuvée, 5 % Pinot Meunier Tête de Cuvée, 70 % Chardonnay Tête de Cuvée. Die Tête de Cuvée ist der zuerst abgezapfte Saft.
Geschmack	Brut
Fazit	Dies ist ein traditioneller Champagner, der durchschnittlich zehn Jahre lang gereift hat. Das Haus war bestrebt, einen exzellenten Champagner zu kreieren und nannte ihn daher »Exquise«.

CUVÉE BLANCHE

Terroir	Die Chardonnay-Trauben kommen aus Le Perrière, La Vigne aux Moines und Les Greffières.
Rebsorte	100 % Chardonnay
Zusammenstellung	Millésime
Herstellung	Der Champagner wird parzellenweise vinifiziert, die Hälfte davon in Fässern gelagert.

CUVÉE ROSÉ LE MAGNUM

Geschmack	Brut
Herstellung	Von diesem Champagner werden nur geringe Mengen hergestellt, es gibt nur wenige Flaschen. Dieser Champagner ist lebendig und wird aus der Brut Sélection sowie 16 % rotem Wein von alten Reben hergestellt.

CHAMPAGNERHAUS JACQUES LASSAIGNE MONTGUEUX

Emmanuel Lassaigne:
Gastronomie und Präzision

Es ist eine lange Fahrt zum Dorf Montgueux, westlich von Troyes gelegen, der ehemaligen Hauptstadt der Champagne, die einst bekannt war für ihre Bekleidungsindustrie.

Unterwegs bemerke ich, wie viele Winzer hier den Namen Lassaigne tragen, vielleicht sind sie alle verwandt. Wir haben eine Verabredung mit dem Sohn des Hauses,

Emmanuel Lassaigne, der das Gut perfekt auf die Zukunft vorbereitet hat.

Wir fahren auf das Anwesen und Emmanuels Mutter kommt uns entgegen. Die zurückhaltende Frau führt uns in einen Raum auf der Rückseite des Hauses, wo uns ihr Sohn bereits erwartet.

Ich bemerke vor dem Haus ein Beet. Es ist mit alten, mit Moos bewachsenen Reben bedeckt: ein märchenhaftes Bild, magisch und einladend. Auch wenn das Schild eher wie das eines Mercure-Hotels aussieht, lassen Sie sich nicht täuschen …

Emmanuel, der Sohn des Gründers, erwartet uns. Der Mann wirkt verschlossen, sein Blick ist streng und forschend. Er scheint ein Mann zu sein, der erst einmal herausbekommen möchte, mit wem er es zu tun hat. Das Gespräch kommt langsam, aber sicher ins Rollen. Er erzählt mir, dass sein Urgroßvater nach dem Ersten Weltkrieg nach Montgueux kam, weil er in die Tochter einer der Stadtoberen verliebt war. Er war ein einfacher Landarbeiter … Der Klassenunterschied war groß, aber ihre Liebe war noch größer. Seine Urgroßeltern hatten dreizehn Kinder. Dies erklärt sofort die große Präsenz des Lassaigne-Clan.

Négociant Manipulant
50.000 Flaschen

Champagne Jacques Lassaigne
7, chemin des Haies
F–10300 MONTGUEUX
+33 3 25 74 84 83
www.montgueux.com

Montgueux beschäftigt 80 Winzer und verfügt über 215 Hektar Weinberge, die sich über südlich und südöstlich ausgerichtete Hügel erstrecken. Es ist das einzige Weingebiet der Champagne, das etwas abgelegen ist. Das hat seine Vorteile im Weinbau. Der riesige Kreideberg ist ein Ausläufer der Côte des Blancs, aber 15 Millionen Jahre älter. Vor langer Zeit gab es hier ein Meer, deshalb ist der Boden so mineralstoffhaltig. Die Côte des Bar hingegen hat einen Lehm- und Kalkboden, der einen ganz anderen Weincharakter hervorbringt.

Die Region um Montgueux war schon immer landwirtschaftlich geprägt, und es ist eher ein Zufall, dass hier immer noch Wein angebaut wird. Die Bauernfamilien haben sich selbst versorgt und stellten auch ihren eigenen Wein her. Der Weinbau war damals noch nicht so sexy wie heute, und um keine Steuern zahlen zu müssen, beschlossen die umliegenden Gemeinden 1927, ihre AOC (Appellation d'Origine Contrôlée) aufzugeben. Nur Montgueux tat es nicht. Drei einflussreiche Persönlichkeiten setzten sich dafür ein, den AOC beizubehalten.

Montgueux ist bekannt als das Montrachet der Champagne, mit fast ausschließlich Chardonnay-Reben.

1964 gründeten die Lassaignes ihren Weinbaubetrieb, zunächst nur mit Weinen, nicht mit Champagner. Der prickelnde Teil der Geschichte begann erst in den 1980er-Jahren. Die meisten lokalen Bauern verkaufen ihre Trauben an große Häuser in Reims oder Épernay.

Emmanuel arbeitet seit zehn Jahren außerhalb der Weinwirtschaft. Es fasziniert uns, wie er ein so gutes Produkt liefern kann. »Un coup de bol (Glück)«, lacht er. Leidenschaft, Neugierde und Ausdauer sind die treibenden Kräfte. Auch sein Vater wurde nicht zum Winzer ausgebildet. »Aber wir sind Einheimische«, sagt er.

Das Gut umfasst 3,5 Hektar und produziert etwa 50.000 Flaschen. Es gibt nur drei Mitarbeiter. »Klein«, sage ich. »Genug und gar nicht mal so schlecht«, antwortet er.

Direkt vor dem Haus befindet sich die Anbaufläche Le Cotet. Dies ist auch der Name des Dorfes, an dessen Rand sich das Gut befindet.

→
Moosbedeckte Reben der Anbaufläche »Le Cotet«

↓
Emmanuel Lassaigne, ein einmaliger, engagierter Winzer

Auf dem Etikett steht »*Négociant Manipulant*«, weil das Haus auch einige Trauben von anderen Weinbergen ankauft. Die Kriterien für diese gekauften Trauben sind streng: alte Reben, *Sélection Massale*, verarbeitet nach speziellen Vorgaben. In Montgueux kennt jeder jeden und die Zusammenarbeit ist wirklich gut. Auf die Frage, ob er gerne mehr Land hätte, antwortet er: »Nicht wirklich, es sei denn, es bietet sich eine Gelegenheit. Aber es steht wenig Land zur Verfügung.«

Auffallend ist, dass Montgueux nie unter Wasserknappheit leidet. Kreide kann leicht 60 % Wasser aufnehmen. Auch die dreimonatige Dürre im Jahr 2015 hatte keinen Schaden angerichtet.

Auf dem Weinberg gibt es ein natürliches Graswachstum, der Boden wird nicht bearbeitet, was zu einem anderen Wurzelwachstum führt. Das Gras wird nicht gemäht, sondern die Halme werden wiederholt mit einer Rolle gebrochen. Das Gras wird geplättet und die Nährstoffe gelangen so in die Wurzeln, wodurch der Boden mineralstoffreicher wird.

Lassaigne ist nicht biologisch zertifiziert. »Aber wir fügen nie Kompost oder Kunstdünger hinzu. Seit zehn Jahren verwenden wir keine Herbizide oder Insektizide, nicht einmal Bioprodukte. Da wir keine Gülle benutzen, gibt es kein zu starkes Wachstum. Die Reben haben es nicht leicht, aber sie sind resistent gegenüber Krankheiten. Wir können natürlich Schimmel haben, das ist klimatisch bedingt, aber wir haben seit 2001 keine Fäulnis mehr gehabt. Auch nahegelegene Weinberge haben keinen Einfluss darauf.«

←
Bei Lassaigne probieren wir den Inhalt eines Fasses mit einer Pipette.

↓
Champagner-korken, der auf traditionelle Weise mit einer Hanfschnur fest-geknotet wird

Montgueux ist hoch gelegen und es ist dort sehr windig, so dass die Reben gut vor Krankheits-
erregern geschützt sind. »Manchmal kommen *Chefs de Caves* vorbei und sagen mir, was ich
anders machen soll oder was ich hinzufügen soll, aber ich befolge ihren Rat nicht, und das ist
auch besser so.« Große Häuser müssen schnell und in großen Mengen produzieren.
Bei Lassaigne ist dies nicht der Fall. »Wir haben Zeit und möchten gar nicht so viel produzieren.«

Die Weinherstellung ist auf das Nötigste reduziert: Pressung, leichte *Débourbage*, natürliche
Gärung. Danach werden die Erzeugnisse jeder Anbaufläche teils in ein Fass und teils in ein
Cuve gefüllt. Bei Lassaigne wird nicht zwischen billiger, durchschnittlicher oder Top-Cuvée
unterschieden. Alle Weine werden nach Anbaufläche vinifiziert; es gibt fünf Anbauflächen:

› Le Cotet: alte Reben
› Grande Côte: 1963 gepflanzt
› La Voie Creuse: 1955 gepflanzt
› Les Paluets: 60 Jahre alt
› Clos Sainte-Sophie: gepflanzt zwischen 1968 und 1975

Es gibt drei Methoden der Reifung auf Hefe:

› Les Vignes de Montgueux: 2 bis 2,5 Jahre Reifung

› La Colline inspirée, Le Cotet, Les Papilles Insolites: 3 bis 4 Jahre Reifung

› Die Millésimes: 6, 7 oder 8 Jahre Reifung

Die *Remuage* erfolgt mit einer Gyropalette, einer Vorrichtung, bei der 504 Flaschen permanent in einem bestimmten Rhythmus gerüttelt werden.

Das *Dégorgement* erfolgt manuell, *à la volée*, ohne Gefrierbad. Es wird kein Sulfit oder Likör zugesetzt. Wenn man richtig *degorgiert*, braucht man keinen *Liqueur d'expédition* oder eine zusätzliche Flüssigkeit hinzuzufügen. Die Schaumbildung erhöht das Volumen. Weniger Hefe bedeutet weniger Schaumbildung, also weniger Verlust. Das ist kaum bekannt. *Chefs de caves* aus den großen Häusern kommen hierher, um sich das anzusehen und anschließend zu sagen, dass dies eigentlich nicht möglich sei. In den letzten fünf Jahren waren alle Weine *zero Dosage*, d. h. ohne Zuckerzusatz.

25 % der Weine werden in Paris verkauft, hauptsächlich von den Besitzern der Weinkeller. Aus diesem Grund durchläuft der Wein nach dem *Dégorgement* eine weitere Reifung in der Flasche: Les Vignes de Montgueux: 4 Monate, Le Cotet, La Colline inspirée, Les Papilles Insolites: 6 Monate bis 1 Jahr und die Millésimes: 1 Jahr.

← Eingang zu den Kellern

↘ Ein leidenschaftlicher Emmanuel Lassaigne erzählt uns von den Millésimes, die er jedes Jahr produziert.

↓ Vollautomatische Drehpalette zur *Remuage* der Flaschen

Auf diese Weise ist der Champagner, wenn er beim Weinhändler oder dem Sommelier ankommt, vollständig ausgereift und kann alsbald getrunken werden.

»Ich habe keine schlechten Jahre«, sagt Emmanuel, »jedes Jahr ist anders, kein Jahr gleicht dem anderen. In den großen Häusern entscheiden die Kellermeister zur Erntezeit, ob sie ein Millésime herstellen oder nicht; ich mache jedes Jahr einen Millésime. 2003 gab es eine Hitzewelle, doch genau dieser Wein ist so wunderbar geworden. 2008 war insgesamt ein gutes Jahr, aber 80 % der Trauben wurden durch Hagel beschädigt, und dennoch haben wir einen Millésime gemacht. Ich weiß, dass dies nicht überall möglich ist; nicht überall herrschen optimale klimatische Bedingungen.«

Emmanuel gesteht: »In der Champagne ist es leicht, einen Haufen Geld zu verdienen. Das Rezept dafür kennt jeder. Ich war nicht darauf aus, schnell reich zu werden. Ich habe mich für diesen Lifestyle entschieden.«

CUVÉES UND MILLÉSIMES

LES VIGNES DE MONTGUEUX, BLANC DE BLANCS

Zusammenstellung	Eine Assemblage aus Weinen von 7–9 verschiedenen Anbauflächen aus zwei aufeinanderfolgenden Jahren
Geschmack	Extra brut
Fazit	Eine Aperitif-Cuvée mit Frische, Mineralität und Zitrusfrucht. Ein frischer und unverfälschter Champagner

LES PAPILLES INSOLITES

Terroir	Pinot Noir aus dem Kreideboden von Montgueux
Boden	Kreide
Rebsorte	Pinot Noir
Geschmack	Extra brut
Fazit	Natürlicher, weiniger, fruchtiger Wein: wildes Bouquet mit dem Geschmack von roten Früchten. Les Papilles Insolites gibt es seit 2012 nicht mehr.

LE COTET, BLANC DE BLANCS

Terroir	Anbaufläche Le Cotet. 40-jährige, in Kreide eingebette Reben am Osthang des Dorfes.
Boden	Kreide
Geschmack	Extra brut
Fazit	Mineral, sehr frisch, mit dem Geschmack von Zitrone. Ideal zu Austern und Meeresfrüchten.

LA COLLINE INSPIRÉ, BLANC DE BLANCS

Geschmack	Extra brut
Fazit	Ein Champagner mit dem Charme eines Burgunders. Ein Hauch von Exotik, frisch, mit Noten von geröstetem Brioche.

MILLÉSIME 2000, BLANC DE BLANCS

Rebsorte	100 % Chardonnay
Geschmack	Brut nature
Fazit	Für große Veranstaltungen, Aperitifs oder Mahlzeiten; Frische und Länge, Honig und Lebkuchen; sortenreiner Wein

MILLÉSIME 2002, BLANC DE BLANCS

Rebsorte	100 % Chardonnay
Geschmack	Brut nature
Fazit	Finesse von Bläschen zu Bläschen, sehr reichhaltig mit Buttergeschmack, fruchtig und ausgewogen, weißer Trüffel

MILLÉSIME 2003, BLANC DE BLANCS

Zusammenstellung	Untypischer Jahrgang; Wein von alten Reben aus zwei verschiedenen Anbauflächen
Geschmack	Brut nature
Fazit	Bouquet von reifen Früchten, Honig und kandierter Quitte

MILLÉSIME 2004, BLANC DE BLANCS

Rebsorte	100 % Chardonnay
Geschmack	Brut nature
Fazit	Vollmundig und rund, Lakritze, ein Terroir für Aperitifchampagner, frisch und kelchig

MILLÉSIME 2005, BLANC DE BLANCS

Rebsorte	100 % Chardonnay
Geschmack	Brut nature
Fazit	Ergiebiges Jahr, voller Wein; Mandarine und Melone, Extravaganz eines Jahres mit starkem Eindruck

ROSÉ DE MONTGUEUX

Rebsorte	Pinot Noir, Chardonnay
Geschmack	Extra brut rosé
Fazit	Himbeere, Pfirsich und Walderdbeere: ein Pinot Noir, der für die fruchtigen Aromen als Rotwein vinifiziert wurde, auf einer Basis von Chardonnay-Trauben von alten Reben für Frische, Finesse und Ausgewogenheit. Rosé de Montgueux existiert seit 2012 nicht mehr.

COTEAUX CHAMPENOIS BLANC, BLANC DE BLANCS

Terroir	Montgueux
Fazit	Weißwein für große Tafeln. In diesem ruhigen Wein schmeckt man das Terroir von Montgueux und die Handschrift des Hauses Jacques Lassaigne.

CHAMPAGNERHAUS DIEBOLT-VALLOIS

**Der Name Jacques Diebolt
steht für ein Haus der Veredelung**

Ich traf Jacques Diebolt zum ersten Mal 1997, als ich für Alain Ducasse im gleichnamigen Restaurant in Paris arbeitete. Ich hatte ein Wochenende in der Champagne geplant und wollte etwas Besonderes abseits der ausgetretenen Pfade entdecken. Und was für eine Entdeckung ich machte! Ich schloss mich einer kleinen Gruppe an, in der auch viele Belgier waren, und

landete bei Diebolt-Vallois. Das absolute Highlight war eine 1953er Flasche, die wir von Hand degorgiert haben. Das bedeutet, dass die Hefe, die sich noch in der Flasche befindet, in der Endphase vollständig entfernt wird, bevor die Versanddosage hinzugefügt wird. Diese Technik wird heute nur noch selten angewendet. Der Korken wird mit einer Zange aus der Flasche herausgezogen, und durch den Druck wird die darunter liegende Hefe herausgepresst. Dies geschieht in Bruchteilen von Sekunden, um den Verlust zu minimieren.

Ich erinnere mich heute noch an den Geschmack dieses Champagners: vollmundig und elegant! Außerdem entdeckte ich zwei Geschmacksrichtungen, die ich bei Champagner noch nie zuvor wahrgenommen hatte, nämlich Paprikapulver und Schweinebraten. Was für ein Erlebnis ...

Zwanzig Jahre, nachdem ich von dem 1953er überrascht wurde, bekam ich die Gelegenheit, ihn mit Jacques noch einmal zu probieren. »Aber es wird das letzte Mal sein«, warnt er. Wir gehen in den Keller, suchen die Flasche und finden sie auch. Sie sieht intakt aus, abgesehen von dem Metallring, mit dem der Korken befestigt ist. Er ist nun durchgerostet und hängt nur noch »an einem Bein«. Wir öffnen die Flasche und die Hefepartikel fliegen nur so herum. Was wir schmecken, ist unglaublich ... eine tertiäre Note von Steinpilzen. Absolute Spitze. Das Eisen hatte dem Zahn der Zeit nicht standgehalten, aber der Champagner ist sogar noch besser geworden. Über 60 Jahre alt und in Hochform!

Champagne Diebolt-Vallois

84, rue Neuve

F–51530 Cramant

+33 3 26 57 54 92

www.diebolt-vallois.com

Als ich in einem Boutique-Restaurant am Melrose Place in Los Angeles arbeitete, erhielt ich über eine befreundete Weinimporteurin noch einmal die Chance, das Haus zu besuchen. Seitdem habe ich Diebolt nie aus den Augen verloren. Weder in Los Angeles, Kruishoutem noch Watou. Der Champagner von Cramant ist so elegant wie eh und je, mit einer Note von Zitrusfrüchten und Kreide. In Cramant gibt es viele andere leckere Champagner, aber Diebolt legt den Maßstab etwas höher. Die Weine sind sehr zurückhaltend, wenn sie jung sind, aber sie besitzen ein großes Potenzial bei längerer Lagerung.

Das Familiengut Diebolt-Vallois befindet sich in Cramant, an der Côte des Blancs. Der Name der hügeligen Region rund um das Dorf ist auf den Kalksteinboden zurückzuführen. An manchen Stellen liegt eine 200 Meter tiefe Kalkschicht unter nur 25 Zentimetern Erde verborgen. Die Belemnitkreide ist bröckelig und so porös, dass man damit leicht schreiben kann. Dieses geologische Phänomen bietet eines der attraktivsten Terroirs der Côte des Blancs. Von Épernay kommend, ist Cramant eines der ersten Grand-Cru-Dörfer der Côte des Blancs, gleich hinter dem Premier-Cru-Dorf Cuis. Alle Weinberge sind 100 % Grand Cru.

Jacques Diebolt wuchs in Cramant auf und heiratete Nadia Vallois aus dem benachbarten Dorf Cuis. Jacques ist ein faszinierender und liebenswerter Mann, der einen mit seiner Leidenschaft ansteckt, wenn er über seinen Champagner und das Dorf Cramant spricht. Sein Motto lautet: *»Pour faire du bon, il faut toujours faire mieux.«* (Um etwas Gutes zu machen, muss man immer etwas Besseres machen.) Seine Begeisterung ist ansteckend –*»Il est tochant«*, sagt man; aber er ist auch ein verdammt guter Händler.

Ich fühle mich geehrt, diese Ikone getroffen zu haben. Der Mann hat 50 Jahre Erfahrung mit der Weinherstellung und er kann Ihnen alles über Klima und Produktion erzählen. Eine lebende Legende.

Die Familie Diebolt stammt aus dem Elsass. Um nicht unter der deutschen Besatzung Ende des 19. Jahrhunderts zu leiden, wechselte die Familie ihren Wohnort. Ursprünglich waren sie keine Winzer: Jacques' Vorfahren waren Möbelhersteller. Sein Großvater Jules Crepaux wurde Winzer in Cramant.

Die Familie Diebolt produziert seit dem 19. Jahrhundert Wein, die Familie Vallois seit dem 15. Jahrhundert. Im Laufe der Erbfolge wurden die Weinberge aufgeteilt. 1978 investierte die Familie in einen neuen Keller, der bis 15 Meter tief in die Erde reichte, teilweise bis in das Kalkgrundgestein hinein.

Als ich mit Jacques auf einem kleinen Grundstück – einem *Clima* – auf dem Pimont stehe, erzählt er mir, dass er dort als Kind mit seinem Großvater gearbeitet hat. »Ein Bergrücken mit attraktiver Lage, hier können sie mich begraben«, murmelt er …

↗
Alte Reben an der Côte des Blancs und Jacques Diebolt mit Blick auf einen seiner Weinberge

→
Jacques' geliebte Pimont-Anbaufläche in Cramant

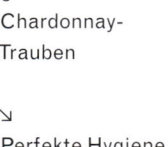
Einbringen der geernteten Chardonnay-Trauben

↘
Perfekte Hygiene, ein wichtiger Aspekt im Weingut

→
Die geernteten Trauben werden zur Presse gebracht.

↘
Befüllung der Druckluft-presse, Ansicht von oben

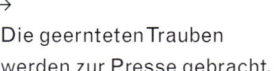

Im Familienunternehmen verrichten Tochter Isabelle (geb. 1962) und Sohn Arnaud (geb. 1966) die tägliche Arbeit in den Kellern und Weinbergen. Nur zur Erntezeit werden zusätzliche Arbeitskräfte eingestellt.

Das Haus Diebolt-Vallois produziert jährlich rund 1.115 Hektoliter, was 156.000 Flaschen entspricht. Sie verfügen über ein solides Vertriebsnetz mit kleinen Mengen, die in die ganze Welt versandt werden. Während ich durch das Warenlager gehe, sehe ich Sendungen, die für Schweden, einen der besten Märkte, Norwegen, Grönland, Japan und Südkorea bestimmt sind.

14 Hektar umfasst das Grundstück von Diebolt-Vallois. Die meisten Weinberge befinden sich an der Côte des Blancs, hauptsächlich auf Grand-Cru- und Premier-Cru-Anbauflächen in Cuis und Cramant. Andere befinden sich an den Coteaux d'Épernay, in den Dörfern Les Toulettes und Les Hautes Justices.

Neue Weinstöcke – Pinot Noir und Pinot Meunier – wurden auf den Anbauflächen in der Montagne de Reims und in der Côte des Bar angepflanzt. Jacques erzählt von einem kürzlich getätigten Kauf: Der aktuelle Hektarpreis (2017) für Grand-Cru-Land in Cramant beträgt 1,8 Millionen Euro, der für Premier Cru in Cuis 1,5 Millionen Euro.

Da die Weinberge von Cramant sehr nahe an denen von Avize liegen, sprechen wir nicht über die besonderen Merkmale der Gemeinde, sondern über die Merkmale des Weinbergs und dessen Lage. Die Weinberge sind nach Südosten ausgerichtet. Es gibt nur eine kleine, oberflächliche Schicht Erde, und hier und da sieht man auch fragmentierte Kreide.

Vignes à Cuis (Premier Cru)

Cuis liegt neben Cramant. Hier zeigen die Anbauflächen in verschiedene Richtungen: Nordwesten und Süden, wiederum auf Kreide. Das sorgt für Mineralität und Leichtigkeit. Die Trauben der Coteaux d'Epernay geben dem Wein Ausgewogenheit, einen runden Geschmack und Volumen.

Der Produktionsprozess

Die Trauben werden von Hand gelesen. Die Familie lagert die Ernten jeder Anbaufläche getrennt, um sie dann einzeln zu Champagner zu verarbeiten.

Für die Pressung verwenden sie eine traditionelle vertikale und eine moderne Druckluftpresse. So behalten sie die Cuvées (Saft der ersten Pressung) für alle Blanc de Blancs. Die alkoholische Gärung erfolgt nach den Bedürfnissen der Cuvée: entweder in temperierten Bottichen oder in Fässern. Alle Cuvées werden einer malolaktischen Gärung unterzogen, mit Ausnahme der Fleur de Passion, die in Foudres oder in großen 86-Hektoliter-Behältern zur langsamen und regelmäßigen Reifung gelagert wird. Diese verleihen dem Champagner des Hauses Diebolt-Vallois eine runde, warme Note. Nach der Abfüllung vollenden die Champagner ihre zweite Gärung und Schaumbildung in den Kellern des Guts, wo sie noch einige Jahre vor dem Degorgieren lagern. Die Dosage beträgt im Durchschnitt zwischen sechs und acht Gramm pro Liter.

→
Der Meister zeigt uns die abgestorbenen Hefezellen im Flaschenhals.

↓
Pieter Verheyde und Jacques Diebolt probieren eine der letzten Flaschen des extrem seltenen »1953ers«.

↙
Die abgestorbenen Hefezellen sind nach der Drehung (*Remuage*) deutlich am Flaschenhals sichtbar.

CUVÉES UND MILLÉSIMES

FLEUR DE PASSION, BLANC DE BLANCS

Klassifikation	Grand Cru
Terroir	Die Trauben kommen von sieben bis acht Anbauflächen auf den Hängen von Cramant, genauer gesagt aus dem Dorf Les Buzons. Die Erträge sind gering, die Qualität umso höher. Die allgemeine Ausrichtung der Grundstücke ist Ost und Ostsüdost.
Rebsorte	100 % Chardonnay von durchschnittlich 65 Jahre alten Reben
Zusammenstellung	Millésime
Dosage	6–8 g/Liter
Geschmack	Brut
Herstellung	Der Millésime 1995 ist der erste Jahrgang von Fleur de Passion. Der Champagner wird in Eichenfässern gelagert, wodurch eine gute Wechselwirkung mit Sauerstoff erzielt wird. Das ist natürlich keine neue Methode. Die Fässer selbst sind niemals neu. Die alkoholische Gärung findet in *barriques* statt, in denen vorher schon mehrere andere Weine waren. Keine malolaktische Gärung, keine Filtration, kein Schönen. Alles, was den Wein stören könnte, wird vermieden, um das Terroir-Erlebnis zu optimieren. Wird in burgundischen *barriques* gelagert.
Fazit	Fleur de Passion ist die Perle des Hauses Diebolt-Vallois. Die Familie produziert davon sechs- bis siebentausend Flaschen pro Jahr. Da sie die Qualitätsfrüchte im Haus haben, könnten sie die Produktion steigern, doch sie verwenden die hochwertigen Trauben auch für andere Cuvées. Fleur de Passion ist eine ungestüme, elegante Dame mit frischen Säuren, denn sie wird keiner malolaktischen Gärung, Schönung oder Filtration unterzogen. Fleur de Passion erblüht nur in den besten Weinjahrgängen. 2001, 2003 und 2009 wurde sie nicht hergestellt.
Serviervorschlag	Servieren Sie den Champagner im Sommer bei 9° C, im Winter bei 10–11° C. Füllen Sie den Champagner 15 Minuten vorher in eine Karaffe, um ihn voll zur Geltung zu bringen.

PRESTIGE, BLANC DE BLANCS

Klassifikation	Grand Cru
Terroir	Cramant, Chouilly und Le Mesnil-sur-Oger, drei Grand-Cru-Dörfer; nach Ostsüdost ausgerichtete Anbauflächen
Boden	Dünne Erdschicht auf Kalksteingrund
Rebsorte	100 % Chardonnay
Zusammenstellung	Assemblage dreier Jahrgänge, gelagert in etwas neueren Eichen-*Foudres*
Dosage	6–8 g/Liter
Herstellung	Die Gärung findet in temperierten Bottichen statt.
Fazit	Rund, üppig, komplex.
Serviervorschlag	Servieren Sie den Champagner im Sommer bei 9° C, im Winter bei 10–11° C.

MILLÉSIME, BLANC DE BLANCS

Klassifikation	Premier Cru
Terroir	Cuis, Chouilly, Epernay und junge Reben aus Cramant
Boden	Dünne Schicht Humus auf Kalksteingrundlage
Rebsorte	100 % Chardonnay
Zusammenstellung	Millésime
Geschmack	Brut
Dosage	6–8 g/Liter
Herstellung	Der Blanc-de-Blancs-Millésime wird nur dann hergestellt, wenn die Qualität der Trauben hoch genug ist. Die Gärung findet in temperierten Bottichen statt.
Fazit	Rund, üppig, komplex.
Serviervorschlag	Servieren Sie den Champagner im Sommer bei 9° C, im Winter bei 10–11° C.

BLANC DE BLANCS

Klassifikation	Premier Cru
Terroir	Cuis, Chouilly, Epernay und junge Reben aus Cramant.
Rebsorte	100 % Chardonnay
Zusammenstellung	Assemblage zweier Jahrgänge
Dosage	6–8 g/Liter
Geschmack	Brut
Herstellung	Gärung in temperierten Bottichen
Fazit	Lebhaft und elegant, gut geeignet als Aperitif oder zu Beginn des Essens.
Serviervorschlag	Servieren Sie den Champagner im Sommer bei 9° C, im Winter bei 10–11 ° C.

ROSÉ

Klassifikation	Grand Cru
Terroir	Hauptsächlich aus Les Toulettes in Épernay
Rebsorte	63 % Pinot Noir, 10 % Pinot Meunier, 27 % Chardonnay
Dosage	7 g/Liter
Geschmack	Brut rosé
Herstellung	Gärung in temperierten Bottichen; Rosé-Assemblage, mit einem Zusatz von Bouzy Rouge (Grand Cru)
Fazit	Elegant und fruchtig mit Noten von Himbeere, Walderdbeere und roter Johannisbeere. Ein heiterer Champagner, ideal als Aperitif oder im Sommer im Garten.
Serviervorschlag	Servieren Sie den Champagner im Sommer bei 9° C, im Winter bei 10–11° C.

TRADITION

Klassifikation	Grand Cru
Terroir	Stammt aus drei verschiedenen Terroirs
Rebsorte	30–40 % Pinot Noir, 20–30 % Pinot Meunier, 40 % Chardonnay
Zusammenstellung	Millésime
Dosage	6–8 g/Liter
Geschmack	Brut
Herstellung	Gärung in temperierten Bottichen
Fazit	Ausgewogener Champagner, ideal als Aperitif oder zu Beginn einer Mahlzeit
Serviervorschlag	Servieren Sie den Champagner im Sommer bei 9° C, im Winter bei 10–11° C.

133

CHAMPAGNERHAUS DAVID LÉCLAPART

David Léclapart,
König der Blanc de Blancs

2010 lernte ich Léclapart kennen. Das ist eigentlich ziemlich spät, da David bereits zur vierten Generation dieses Champagnerhauses gehört. In Trépail, nahe Ambonnay,

gelangen wir zu diesem bunten Haus. Es befindet sich an einer Straßenecke und wirkt sehr charmant, aber nicht extravagant Hier stellen sie vollkommen schnörkellosen, eleganten Wein her.

Das Haus Léclapart ist ein Ein-Mann-Betrieb, ein Haus im wahrsten Sinne des Wortes, ein Haus und nicht mehr. Das Logo zeigt das Rad des Lebens, die Balance zwischen Wasser, Erde, Wind und Feuer. David Léclapart ist ein rationaler Mann, der großen Wert auf Präzision legt. Seine Weine verkörpern seine konsequente Einstellung. Ein Mann Ende vierzig, mit grauen Locken und einem freundlichen Gesichtsausdruck empfängt uns. Er scheint mir ein sehr sensibler Mensch zu sein. Mit leiser Stimme erzählt er mir seine Geschichte.

»Ich hatte mein Allgemeinstudium abgeschlossen, es hatte nichts mit Landwirtschaft oder Oenologie zu tun. Ich hatte mein Diplom in der Tasche, war aber arbeitslos und hatte keinen Cent in der Tasche. Es gab viel zu tun im elterlichen Weinberg und meine Eltern konnten gut noch ein paar weitere Hände gebrauchen Also kehrte ich 1989 auf das Weingut meiner Eltern zurück.« Sie bepflanzten die Weinberge im traditionellen Stil, so wie David es später auch tun würde.

Er begann, im Weinberg zu helfen, und obwohl er diese Art von Arbeit nicht kannte, gefiel sie ihm sehr. »Eine neue Welt eröffnete sich für mich. Aber ich erkannte, dass ich dafür eine Ausbildung brauchte, und begann deshalb, in zwei großen Häusern zu arbeiten, Lanson und Pommery, und dann bei Leclerc-Briant in Épernay. Ich habe auch Kurse an der Landwirtschaftsschule in Beaujeu besucht.«

Champagne David Léclapart

10, rue de la Mairie

F–51380 TRÉPAIL

+33 3 26 57 07 01

David kam mit dem biodynamischen Weinbau in Berührung und wurde ein großer Fan von Max Léglise und Rudolf Steiner. 1996 verstarb sein Vater, daraufhin übernahm er das Gut unter der Bedingung, dass er vollständig biodynamisch arbeiten könne. Seit 2000 ist sein Weinberg Bio-zertifiziert und heute arbeitet David voll biologisch-dynamisch.

Das Premier-Cru-Dorf Trépail liegt an der Côte des Noirs. Dieses Weingebiet ist hauptsächlich mit Pinot Noir und Pinot Meunier bepflanzt. Bei Léclapart dominiert jedoch die Chardonnay-Traube, wie auch sonst im Dorf. Die 22 Anbauflächen sind auf drei Hektar verteilt. Aus den Trauben von einem Hektar Land können im Prinzip 3.000 Flaschen produziert werden, aber er produziert nur 1.500. Dies ist auf das Métayage-System zurückzuführen (von moitié, Hälfte). Das bedeutet, dass er Grundstücke eines anderen Besitzers nutzt und sich damit vertraglich verpflichtet, ihm die Hälfte der Trauben zu überlassen. Der andere Besitzer ist Marguet, ein Weinproduzent in Ambonnay.

Aus Platzgründen kann er keine Millésimes herstellen. Seine Champagner werden nur fünfzehn Monate lang *sur lies* gelagert, nicht lange genug, um das Label Millésime zu tragen. Auf diese Weise kommt der Charakter der verschiedenen Anbauflächen deutlich zur Geltung. Auf dem Etikett auf der Rückseite steht jedoch das Jahr, in dem die Trauben gelesen wurden.

David Léclapart produziert seine Weine mit Leidenschaft, Freude und Achtung vor der Natur. Er glaubt an die Kraft der biodynamischen Landwirtschaft, einer Kombination aus Wasser, Erde, Wind und Feuer. Im Weinkeller greift er selbst so wenig wie möglich ein, er ist darauf bedacht, die charakteristischen Eigenschaften eines jeden Jahrgangs maximal hervorzubringen.

In dieser nördlichsten Region Frankreichs ist es schwierig, biodynamisch zu arbeiten, sagt David, was die Arbeit im Weinberg selbst noch wichtiger macht als anderswo. »Wir haben wenig Sonnenschein, weniger Wärme und ein hohes Schimmelrisiko. Aus all diesen Gründen müssen wir sehr sorgfältig arbeiten.« Er ist jedoch überzeugt, dass die Arbeit im Weinberg die Qualität in der Flasche entscheidend beeinflusst: »Alles, was wir im Weinberg gewinnen, behalten wir. Wir verändern nichts beim Wein. Wir verwenden wenig Schwefel und klären oder filtern den Wein nicht. Es gibt keine Kaltstabilisierung und wir fördern keine malolaktische Gärung, sondern wir lassen den Wein spontan gären.«

↗
David Léclapart,
ein sensibler, aber
leidenschaftlicher
biodynamisch
arbeitender Winzer

→→
Verschiedene
Cuvées des
Hauses Léclapart

CUVÉES UND MILLÉSIMES

David Léclapart stellt mehrere Cuvées her, unter anderem
drei Blanc de Blancs und einen Blanc de Noirs.

L'Amateur, Blanc de Blancs

Klassifikation	Premier Cru
Terroir	Sechs verschiedene Anbauflächen in Trépail
Rebsorte	100 % Chardonnay
Geschmack	Pas dosé
Herstellung	Vinifikation in emaillierten Edelstahltanks

L'Artiste, Blanc de Blancs

Klassifikation	Premier Cru
Terroir	Ausgewählte Anbauflächen
Rebsorte	100 % Chardonnay
Geschmack	Pas dosé
Herstellung	Der Wein wird in 228 Liter fassenden burgundischen Fässern vinifiziert, teilweise in emaillierten Edelstahltanks.

L'Apôtre, Blanc de Blancs

Klassifikation	Premier Cru
Terroir	Die Anbaufläche La Pierre Saint-Martin, 1946 von Davids Großvater angelegt
Rebsorte	100 % Chardonnay
Geschmack	Pas dosé
Herstellung	Der Wein wird vollständig in 228 Liter fassenden neutralen burgundischen Bottichen vinifiziert.

L'Astre, Blanc de Noirs

Klassifikation	Premier Cru
Terroir	Stammt von vier verschiedenen Anbauflächen, eine davon aus den 1950ern
Rebsorte	100 % Pinot Noir
Geschmack	Pas dosé
Herstellung	Wird vollständig in gebrauchten Fässern vinifiziert
Fazit	Diese Cuvée ersetzt l'Alchimiste, einen Rosé. David hatte Schwierigkeiten, den Rosé dauerhaft auf konstantem Niveau zu halten und machte stattdessen einen Blanc de Noirs. Er wollte eigentlich eine einmalige Cuvée herstellen, wie ein Stern, der nur einmal erscheint – daher der Name *Astre* (Stern). Dies ist Davids allererster Blanc de Noirs. Er hat einen Hauch von Rosé durch die vierstündige Mazeration.

L'Alchimiste rosé

Klassifikation	Premier Cru
Terroir	Anbauflächen in Le Champ Janvrai, angelegt 1957, und in La Fleuranne, angelegt 1968, auf den südlichen Hängen von Trépail
Rebsorte	100 % Pinot Noir
Geschmack	Pas dosé
Herstellung	Die Schale der Pinot-Noir-Trauben wird entfernt; dann werden sie 24 bis 72 Stunden lang in großen Holzfässern mazeriert und anschließend vier Stunden pro Tag mit den Füßen zerstampft.

CHAMPAGNERHAUS MINIÈRE F & R

**Rodolphe und Frédéric Minière
gründeten ein neues Champagnerhaus**

Wenige Kilometer nördlich von Reims, in der Region des Massif de Saint Thierry, werden wir von den Brüdern Frédéric und Rodolphe Minière empfangen, die dieses junge Champagnerhaus leiten. Ihr Motto lautet: »Natur als Grundlage und Schönheit als Horizont mit der Absicht zu übertreffen.«

In Hermonville wird seit dem 12. Jahrhundert Weinbau betrieben. Frédéric und Rodolphe arbeiten in vierter Generation auf dem Weingut, das 1919 von ihrem Urgroßvater Alfred Darlu-Minière gegründet wurde. Er besaß eine Presse und verkaufte seine Weine an die *Négociants* von Reims. Frédéric und Rodolphe sprechen noch immer mit großem Respekt von ihrem Urgroßvater. Im Laufe der Jahre waren es ihre Großeltern Henri und Madeleine und danach ihre Eltern Gérard und Josette, die das Unternehmen vergrößert haben. Rodolphe und Frédéric, die zur vierten Generation des Unternehmens gehören, studierten beide in Avize Oenologie. Frédéric hat seine Leidenschaft für den Beruf bei Anselme Selosse entdeckt, mit der Absicht, später selbst Champagner herzustellen.

Damit begannen die Brüder 2005 in einer Genossenschaft. Gleichzeitig hörten sie auf, ihre Trauben an *Négociants* zu verkaufen. Zwei Jahre später, im Jahr 2007, gründeten sie ihr eigenes Label, Champagne Minière F & R.

Die beiden bilden die erste Generation, die Champagner herstellt. Sie haben schöne, alte Reben. Das Unternehmen expandiert stetig und man spürt auf dem Gut, dass sich dieses Champagnerhaus weiter entwickeln wird. Frédéric und Rodolphe wollen das Beste aus diesem Gut machen. Sie haben fünf Cuvées aus verschiedenen Anbaugebieten. Im Weinberg arbeiten sie traditionell, mit Rücksicht auf die Natur. Die biologische Vielfalt ist ihnen sehr wichtig. Ihr Motto ist nachhaltiger Weinbau.

Die Brüder verwenden Holzfässer mit unterschiedlichem Inhalt, unterschiedlicher Herkunft und unterschiedlichem Alter.

Champagne Minière F & R

8 bis, rue Saint Martin

F–51220 HERMONVILLE

+ 33 3 26 50 68 43

www.champagne-miniere.fr

Für die alkoholische Gärung wird der Most am Ende der ersten Pressung sofort in *Barriques* abgefüllt. Der Wein wird sechs bis acht Monate lang *sur lies* gelagert. Je nach Jahrgang gibt es mehr oder weniger *Bâtonnage*. Die Brüder sind überzeugt davon, dass eine langsame Gärung dem Wein mehr Ausdruck verleiht und dies dann für den Konsumenten mehr Genuss bedeutet.

Ihr Ziel ist es, jährlich etwa 45.000 Flaschen zu produzieren und sie ansprechend altern zu lassen.

Die ältesten Weinberge befinden sich in Hermonville, sie wurden in den 1950er-Jahren hauptsächlich mit Chardonnay und Pinot Meunier angelegt. Insgesamt besitzen sie acht Hektar Weinberge, von denen zwei mit Chardonnay, einer mit Pinot Noir und der Rest mit Pinot Meunier bepflanzt sind. Auf den verschiedenen Anbauflächen wachsen alte Reben: Les Fauvagnes ist mit Pinot Meunier von 1968 und 1969 und Pinot Meunier mit originalen Unterlagsreben von 1962 bepflanzt. Les Rosières ist mit Pinot Meunier und Pinot Noir mit originalen Unterlagsreben von 1974 und Chardonnay von 1973 bepflanzt. Les Grands Blancs: Chardonnay von 1964 und Chardonnay mit originalen Unterlagsreben von 1965. Les Fosselles: Pinot Noir von 1975 und Chardonnay von 2003. Les Moineaux: Pinot Meunier von 1963, 1969 und 1971, Pinot Noir von 1981 und Chardonnay von 1963. Les Voirmissa: Pinot Meunier von 1947 und 1967, Pinot Noir von 1968 und Chardonnay von 1972. La Couturelle: Pinot Meunier von 1986, 1987, 1988, 1989, 1990, 1992, 1993 und Pinot Noir von 2002.

30 Prozent der Trauben verarbeiten die Brüder derzeit selbst und die restlichen 70 Prozent verkaufen sie. Die Weinberge sind weitgehend durch den Wind geschützt, was der Bekämpfung von Schimmelpilzen zugute kommt.

Bei unserem Spaziergang durch die Weinberge fällt uns etwas Seltsames auf. Zwischen zwei Anbauflächen, die durch eine kleine Straße getrennt sind, ist nichts gepflanzt. Die kleine Passage scheint aus dem Ersten Weltkrieg zu stammen. Unten, hinter dem Keller, zeugt stumm ein britischer Commonwealth-Friedhof von diesem Ersten Weltkrieg.

Fazit

Dies ist ein sehr junges Champagnerhaus mit wenig Hintergrundwissen, auf das man zurückgreifen könnte. Die beiden Brüder haben bereits erhebliche Investitionen getätigt. Sie beabsichtigen, ihren Wein für sechs bis zehn Jahre zu lagern. Dieses Haus ist eine neue Herausforderung, eine Überraschung in der Champagnerwelt. Heutzutage ein neues Haus zu gründen, ist eine echte Leistung.

Während unseres Besuchs fragten wir Frédéric nach seiner Vorliebe, aber er konnte nicht antworten, da er noch nicht alles probiert hatte. Erst Ende 2014 begannen die Brüder mit der Vermarktung ihres Champagners.

Wir haben großen Respekt vor den beiden und ihren hervorragenden Champagnern.

→
Blick über die Dächer zur Kirche in Hermonville

↘
Rodolphe Minière während der Tour und der »2 CV« ihres geliebten Großvaters

←← Rückansicht des Hauses Minière und des angrenzenden Weinbergs

↑ Haupteingang in der Rue St. Martin in Hermonville

→ Tâcherons oder Saisonarbeiter bei der Arbeit im Weinberg

↖ Pieter Verheyde, Rodolphe Minière mit Hund im Weinberg von Hermonville

↓ Begrünung entlang des Weinbergs zur Vermeidung von Erosion

↘ Lagerraum, in den die Trauben sofort nach der Ernte gebracht werden

CUVÉES UND MILLÉSIMES

BLANC ABSOLU, BLANC DE BLANCS

Terroir	Trauben aus dem Ort Les Moineaux
Rebsorte	100 % Chardonnay
Zusammenstellung	15 % Reservewein
Dosage	6 g/Liter
Geschmack	Brut
Herstellung	Die Vinifizierung findet in Holzfässern statt. Keine malolaktische Gärung. Lagerung sechs Jahre lang *sur lies*. *Degorgieren* sechs Monate vor dem Verkauf.
Fazit	Mineralisch, komplex und mit Röstaromen

BRUT ZÉRO

Terroir	Die Pinot-Noir-Trauben kommen aus Les Fosselles, die Pinot-Meunier-Trauben aus Les Couturelles, die Chardonnay-Trauben aus Les Fontenelles.
Rebsorte	28 % Pinot Noir, 45 % Pinot Meunier, 27 % Chardonnay, 19 % Reservewein
Zusammenstellung	19 % Reservewein
Dosage	0 g/Liter
Geschmack	Brut nature
Herstellung	Dieser Champagner wird ohne malolaktische Gärung im Fass vinifiziert. Die Vinifizierung findet zu 30 % in neuen Fässern und zu 70 % in vier Jahre alten Fässern statt. Sieben Jahre Lagerung *sur lies*. Degorgieren sechs Monate vor dem Verkauf.
Fazit	Röstaromen

SYMBIOSE, CUVÉE MILLÉSIMEE

Terroir	Der Pinot Noir kommt aus dem Ort Les Voirmissa, der Chardonnay kommt aus Les Moineaux.
Rebsorte	50 % Pinot Noir, 50 % Chardonnay
Zusammenstellung	Millésime
Dosage	2,5 g/Liter
Geschmack	Extra brut
Herstellung	Vinifizierung in mindestens sieben Jahre alten Fässern. Keine malolaktische Gärung. Zehn Jahre Lagerung *sur lies*.
Fazit	Perfekte Vereinigung von Pinot Noir und Chardonnay

INFLUENCE ROSÉ

Rebsorte	35 % Pinot Noir, 40 % Pinot Meunier, 25 % Chardonnay, 20 % Reservewein
Zusammenstellung	15 % Reservewein
Dosage	8 g/Liter
Geschmack	Brut
Herstellung	Zu dem Weißwein werden 7 % Rotwein hinzugegeben. Der Wein wird zu 30 % in weniger als vier Jahre alten Fässern vinifiziert und zu 70 % in mindestens fünf Jahre alten Fässern. Keine malolaktische Gärung. Vier Jahre Lagerung *sur lies*. *Degorgieren* sechs Monate vor dem Verkauf.

INFLUENCE, CUVÉE BRUT

Terroir	Der Pinot Noir kommt aus Les Fosselles, der Pinot Meunier aus Les Couturelles und der Chardonnay aus Les Fontenelles.
Rebsorte	30 % Pinot Noir, 40 % Pinot Meunier, 15 % Chardonnay, 15 % Reservewein
Zusammenstellung	15 % Reservewein
Geschmack	Brut
Herstellung	Dies ist das Markenzeichen der Brüder Minière. Man merkt den ansprechenden Einfluss der Alterung in Holzfässern.

CHAMPAGNERHAUS FRANCIS BOULARD & FILLE

Francis Boulard und »le sens du naturel«

Wir bleiben in der Region Saint-Thierry und machen Halt vorm Haus Francis Boulard et Fille.
Wir klingeln, die Tür wird geöffnet und ein Mann, der genauso breit wie groß ist, sieht uns misstrau-

isch an. Nachdem wir uns vorgestellt und eine Reihe von Fragen beantwortet haben, werden wir willkommen geheißen. Francis Boulard erklärt, warum er so unfreundlich war: Jeden Tag kommen Menschen vorbei, um Kontakt mit ihm aufzunehmen und um Verkostungen (natürlich gratis) zu bitten. Er vermutete, dass dies auch bei uns der Fall sei, erkannte aber schnell, dass wir wirklich an ihm interessiert sind und auch über das notwendige Fachwissen verfügen. Sofort wird er freundlicher.

Mindestens fünf Generationen waren bereits vor Francis und seiner Tochter im Weinberg und Weinbau tätig. Er skizziert kurz die Familiengeschichte: »Ich komme aus einer Familie mit drei Kindern. Im Jahre 2009 beschlossen wir, dass jeder seinen eigenen Weg gehen sollte, das alte Champagnerhaus Raymond Boulard existierte nun nicht mehr. Meine Schwester

baut weiterhin Wein an und mein Bruder geht seinen eigenen Weg.
Im Gegensatz zu mir setzt er nicht auf ökologischen Weinbau.
Mit meiner Frau Jeanne und meiner Tochter Delphine gründeten wir das neue Champagnerhaus Francis Boulard et Fille, wobei ich die sechste Generation verkörpere. Wir fanden im Archiv einen Vorfahren, der 1792 geboren wurde.«

Mit seinem Großvater Julien machte Francis seine ersten Schritte im Weinberg, hinter dem Pflug und dem Pferd Bijou. Julien verkaufte Wein und widersetzte sich der schnellen Automatisierung nach dem Zweiten Weltkrieg. 1952 kam Francis' Vater Raymond auf das Gut und begann, selbst Champagner herzustellen. Francis trat 1970 in das Unternehmen ein. Mit dem Wissen seines Großvaters und Vaters, der auch im Rhythmus der Jahreszeiten arbeitete, setzte Francis durch, mehr nach biologischen Prinzipien zu agieren.

Champagne
Francis Boulard & Fille
Route Nationale RD 944
F–51220 CAUROY-
LES-HERMONVILLE
+ 33 3 26 61 52 77
www.francis-boulard.com

1980 starb Francis Vater Raymond Boulard. 2001 beschlossen sie, auf den Einsatz von Spritzmitteln und Herbiziden zu verzichten. Francis Boulard ging dann noch einen Schritt weiter und stellte auf biodynamischen Weinbau um. Die Biodynamik ist ein Zweig des biologischen Weinbaus, der auf der Ablehnung aller chemischen Produkte und synthetischen Düngemittel basiert. Das bedeutet, dass der Winzer auf natürliche Weise arbeitet, basierend auf dem Steinerschen Mondkalender, um die Energieflüsse und das Leben im und auf dem Boden zu fördern. Dadurch wird die Qualität der Trauben verbessert. Francis arbeitet nach dem Mondkalender, genau wie sein Großvater, der ein früher Befürworter der biodynamischen Landwirtschaft war. Der Mondkalender zeigt an, zu welchem Zeitpunkt der Weinberg am besten zu bearbeiten ist. Sie arbeiten im Rhythmus der Natur und der Jahreszeiten. Ab dem Jahr 2000 waren die Erfolge sichtbar. 2004 erhielt das Champagnerhaus das Ecocert-Zertifikat und strebte nun eine vollständige Umstellung auf die biologisch-dynamische Landwirtschaft an. Zum Beispiel hat Francis den Einsatz von Kupfer reduziert, da dieses Metall Gift für den Boden ist. Zwischen den Reben darf Gras wachsen, um den Boden zu bereichern und die Erosion zu reduzieren. Um Krankheiten entgegenzuwirken, schützt er die Reben zum Beispiel mit Hanf oder Salbei, und er stellt natürliche Präparate her, die in kleinen Mengen pulverisiert werden, um den Boden zu stärken und die Widerstandsfähigkeit der Pflanzen gegen Krankheiten zu erhöhen.

→
Francis Boulard in seinem etwas beengten, chaotischen, archaischen Keller

↓
In diesem Fass wird die malolaktische Gärung vollendet.

UN REPAS SANS VINS EST UNE JOURNÉE SANS SOLEIL

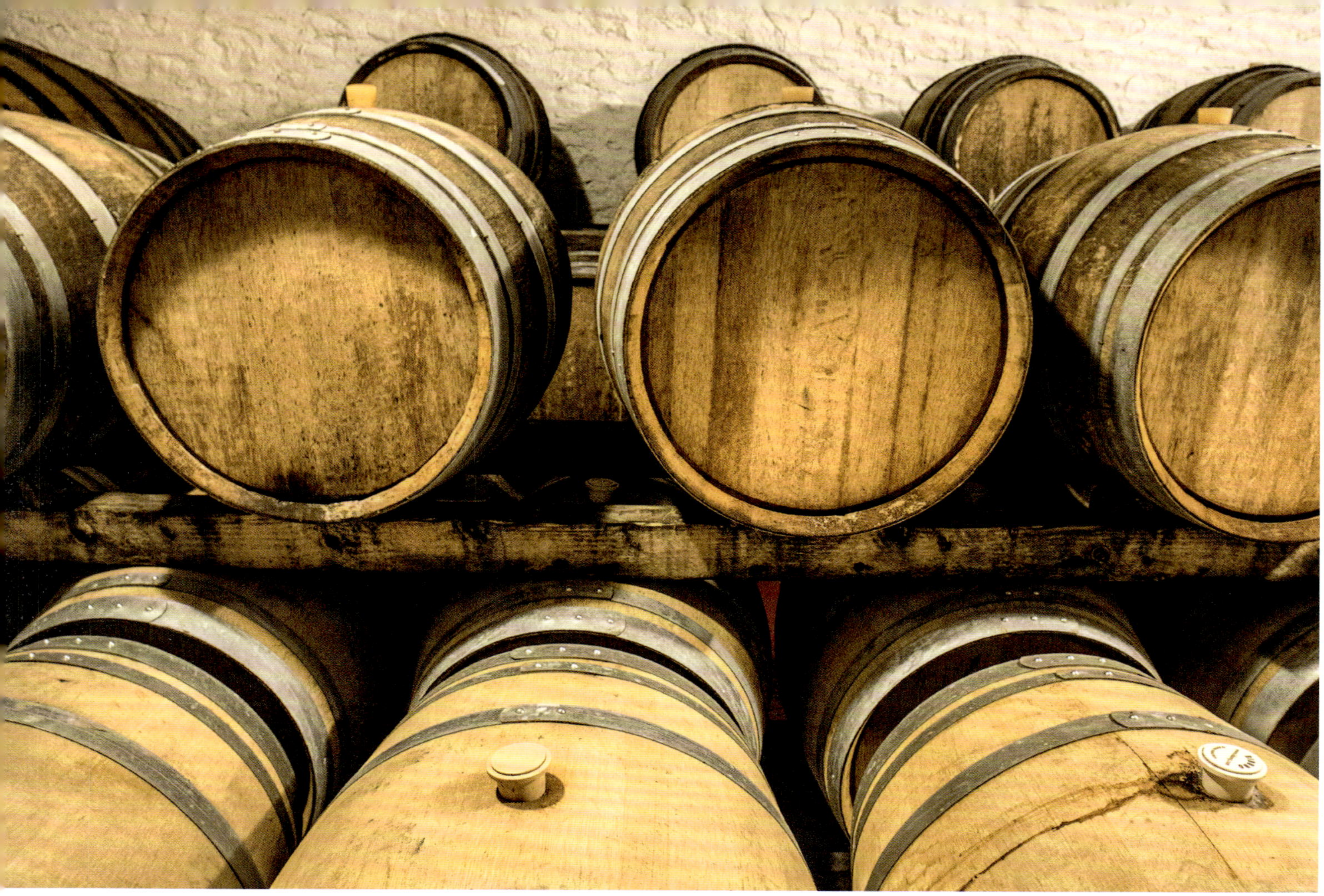

Attigny
VOU
PAUL F
COLBERT
REIMS
CHAM
PA
GNE
1914-1
Sillery
Verzonay
Verzy
Mourmelon
Mailly
Ay
Bouzy
Mareuil
NAY
N.3
CHALON

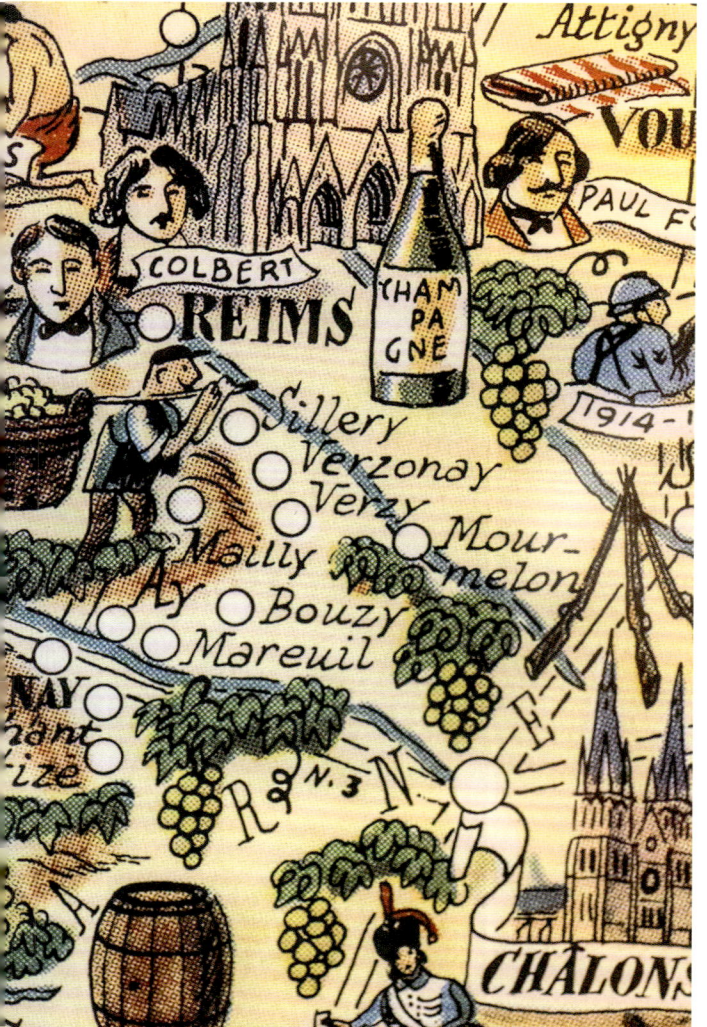

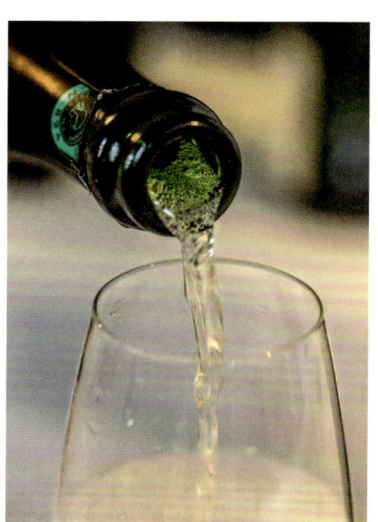

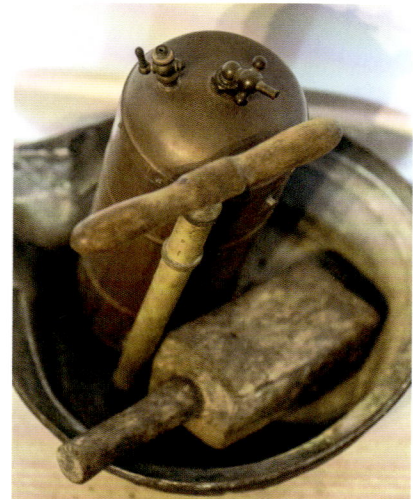

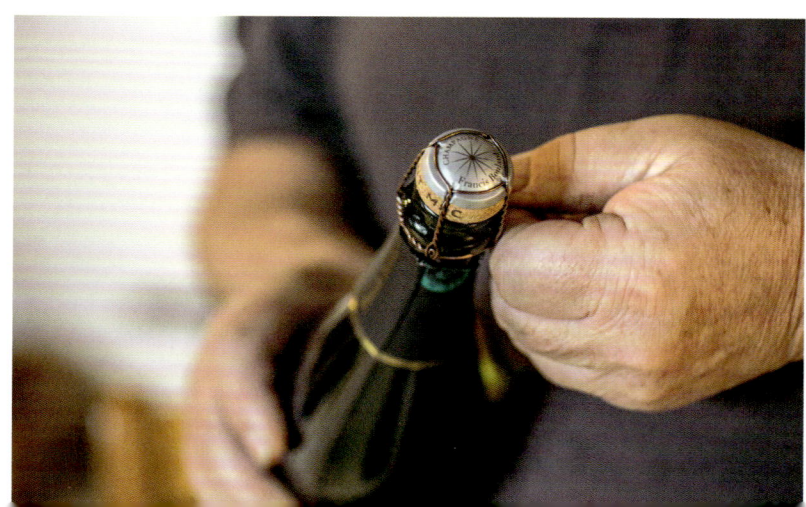

←

Verkostung im
Original-Keller

↘

Raymond
Boulards
personalisiertes
Pupitre mit
verschiedenen
Cuvées

Der Weinberg von Francis Boulard liegt teilweise in Cormicy, nordwestlich von Reims, im Massiv de Saint-Thierry, auch La Petite Montagne genannt. Er hat auch Grundstücke in Paradis (Hameau de Belval im Marnetal), Cuchery, Cauroy-lès-Hermonville und Mailly-Champagne.

Der Boden besteht aus Kalk und Feuerstein. Die Reben sind im Durchschnitt 45 Jahre alt. Von den besten Reben eines Grundstücks werden Abschnitte für die Wiederbepflanzung verwendet. Auf diese Weise werden eine gleichbleibende Qualität und der besondere Charakter des Weins garantiert. Die Reben werden kurzgeschnitten, um den Ertrag zu kontrollieren und einen volleren Geschmack zu erhalten. Die Trauben werden selten ausgedünnt.

Nach der Ernte erfolgt eine vorsichtige, sanfte Pressung. Die Trauben der einzelnen Anbauflächen werden individuell vinifiziert. Francis greift nicht in die Gärung ein, sondern er beobachtet die anfängliche Gärung, die spontan mit Hefen stattfindet. Die Hefen sind in der Traubenschale vorhanden. Die erste Gärung erfolgt in großen 2.000-Liter-*Foudres*, in 500–600-Liter-*Demi-Muid*-Fässern oder in 300-Liter-Eichenfässern. Die Holzfässer stammen aus dem Burgund oder der Champagne und sind durchschnittlich zwölf Jahre alt. Eine kontrollierte Sauerstoffzufuhr sorgt für geschmeidige, runde und dennoch mineralische Weine. Die Weine werden auf Feinhefe gelagert. Die Bâtonnage findet alle zwölf Tage statt, um die Komplexität des Weins zu erhöhen. Die Bâtonnage ist auch von der Traubensorte abhängig. Auch das Abfüllen und Degorgieren finden auf dem Gut statt.

Während unseres Besuchs fragte uns ein belgisches Paar, ob es möglich sei, ein Glas Champagner zu probieren. Francis erklärte, dass er sich mitten in einem Meeting befände, aber dass sie gerne eine Flasche kaufen könnten, um sie dann auf der Terrasse zu trinken. Das war nicht das, was die Besucher erwarteten, und sie gingen wieder. Dies war ein perfektes Beispiel dafür, was Francis am Anfang angedeutet hatte und warum er so misstrauisch geworden ist. »So etwas passiert jeden Tag: die Leute scheinen zu denken, dass ein Champagnerhaus ein kostenloses Café sei.« Schade nur, dass die Besucher Belgier waren. Als Landsleute verspürten wir so eine Art Fremdschämen.

Fazit

Obwohl die erste Begegnung mit Francis Boulard ein wenig schwierig war, sind wir nach dem vierstündigen Besuch als Freunde gegangen. Wir lernten Francis als einen sensiblen Mann kennen, der stark unter der Trennung von seinem Bruder und seiner Schwester gelitten hat. Er hätte es sich anders gewünscht, aber leider teilten sie nicht seine Leidenschaft für den biologisch-dynamischen Weinbau.

CUVÉES UND MILLÉSIMES

LES MURGIERS, BLANC DE NOIRS

Boden	Lehm und Kalkstein
Rebsorte	100 % Pinot Meunier von durchschnittlich 30 Jahre alten Reben
Dosage	3–5 g/Liter beim Extra brut 0 g/Liter beim Brut nature
Geschmack	Extra brut, brut nature
Herstellung	Nur der erste Saft der ersten Pressung wird hier benutzt. Der Wein wird in kleinen Eichenfässern, *Foudres* und großen, alten Fässern (*demi-muids*) vinifiziert. Malolaktische Gärung und *Bâtonnage*
Fazit	Die erste Blanc-de-Noirs-Cuvée des Guts, d. h. Weißwein aus roten Trauben

VIEILLES VIGNES, BLANC DE BLANCS

Terroir	Anbaufläche Le Murtet
Boden	Kalk- und Feuerstein
Rebsorte	100 % Chardonnay
Dosage	3–5 g/Liter beim Extra brut 0 g/Liter beim Brut nature
Geschmack	Extra brut, brut nature

GRAND CRU GRANDE MONTAGNE (MAILLY-CHAMPAGNE)

Klassifikation	Grand Cru
Terroir	Mailly-Champagne
Boden	Lehm und Kalksteinboden
Rebsorte	60 % Pinot Noir, 40 % Chardonnay
Dosage	3–5 g/Liter beim Extra brut 0 g/Liter beim Brut nature
Geschmack	Extra brut, brut nature
Herstellung	Der Wein wird in kleinen Eichenfässern und großen Fässern (*demi-muids*) vinifiziert. Für die Herstellung werden 30 % alte Reserveweine benutzt.
Fazit	Dieser Champagner punktet in allen Weinführern.

ROSÉ DE SAIGNÉE

Boden	Lehm und Kalksteinboden
Rebsorte	50 % Pinot Noir, 50 % Pinot Meunier von durchschnittlich 40 Jahre alten Reben
Dosage	5 g/Liter beim Extra brut 0 g/Liter beim Brut nature
Geschmack	Extra brut, brut nature

MILLÉSIME

Terroir	Montagne de Reims und Marne
Boden	Lehm und Kalksteinboden
Rebsorte	30 % Pinot Noir, 20 % Pinot Meunier, 50 % Chardonnay von durchschnittlich 30 Jahre alten Reben
Zusammenstellung	Millésime
Dosage	3 g/Liter
Geschmack	Extra brut
Herstellung	Nur der erste Saft der ersten Pressung wird für diesen Champagner verwendet.

PETRAEA

Terroir	Vallée de la Marne und Montagne de Reims
Boden	Lehm und Kalksteinboden
Rebsorte	60 % Pinot Noir, 20 % Pinot Meunier, 20 % Chardonnay von durchschnittlich 35 Jahre alten Reben
Zusammenstellung	Millésime
Dosage	0 g/Liter
Geschmack	Brut nature
Herstellung	Nur der erste Saft der ersten Pressung wird für diesen Champagner verwendet. Dieser Champagner wird nach einem System hergestellt, das dem Solera-System sehr ähnelt: Jedes Jahr wird dem Fass Wein aus der letzten Weinlese hinzugefügt, sodass ein Viertel des Fasses aus neuem Wein besteht. Auf diese Weise sind alle vorigen Jahrgänge vorhanden, aber in immer kleineren Anteilen (je älter der Wein, desto weniger davon vorhanden). Dieses »ewige Lager« wurde 1997 begonnen.

LES RACHAIS

Terroir	Aus dem Massif de Saint-Thierry
Boden	Kalk- und Feuerstein
Rebsorte	100 % Chardonnay von durchschnittlich 43 Jahre alten Reben
Dosage	0 g/Liter
Geschmack	Brut nature
Fazit	100 % biologischer Anbau, Ecocert zertifiziert

LES RACHAIS ROSÉ

Terroir	Aus zwei Anbauflächen im Massif de Saint-Thierry
Boden	Kalk- und Feuerstein
Rebsorte	100 % Pinot Noir von durchschnittlich 30 Jahre alten Reben
Dosage	2 g/Liter
Geschmack	Extra brut
Herstellung	Biologischer Anbau, Ecocert zertifiziert

CHAMPAGNERHAUS J. VIGNIER

**Nathalie Vignier:
»Die Geschichte wiederholt sich
von Generation zu Generation«**

Wir werden von Nathalie Vignier im Champagnerhaus J. Vignier in Cramant empfangen. Das ist *die* Grand-Cru-Region. Nathalie ist die Tochter von Jean Vignier und Enkelin von Paul Lebrun. Die Familie ist schon seit 1530 im Weinbau tätig und Nathalie erzählt uns

Folgendes: »Nicolas Vignier lebte in Bar-sur-Seine und war eng mit dem Hof von Henri III verbunden. Mein Urgroßvater, der Vater meiner Großmutter Marie Louise Lebrun, war in Saudoy in der Landwirtschaft tätig und besaß eine große Leidenschaft für den Weinbau. Als er im Ersten Weltkrieg verstarb, teilte sein Sohn das Grundstück auf, behielt das beste Ackerland für sich und überließ seiner Schwester die steilen Hänge in Cramant. Als diese Hänge später als *Grand Cru* klassifiziert wurden, kam es zu einem Bruch in der Familie.«

Da Nathalies Großvater Paul Lebrun nur Töchter hatte, war ihre Mutter die letzte Lebrun. Aus diesem Grund wurde der Name des Hauses an den Namen von Nathalies Vater Jean Vignier angepasst, so entstand das Haus Vignier-Lebrun.

Während des Zweiten Weltkriegs begann eine Freundschaft zwischen ihrem Großvater Paul Lebrun und einem deutschen Gefangenen. Auch nach dem Krieg kehrte der Deutsche regelmäßig nach Cramant zurück. Heute ist der Großneffe des Mannes, Sebastian Nickel, Mitbegründer des Projekts Champagnerhaus J. Vignier. Nathalie: »Mit ›unserem Projekt‹ meinen wir, dass wir einfache Winzer sind. Wir verwenden nur Trauben aus unseren eigenen Weinbergen. Wir verarbeiten die Trauben Parzelle für Parzelle. Wir treffen eine strenge Auswahl und entscheiden uns nur für leckere, gesunde Trauben. Infolgedessen haben wir eine begrenzte Rendite. Den Einsatz von Herbiziden schließen wir aus. Wir vinifizieren in Edelstahl, um die Reinheit der Frucht zu erhalten. Alle Weine werden einer malolaktischen Gärung unterzogen, um die aromatische Vielfalt zu fördern.«

Récoltant Manipulant
25.000 Flaschen

Champagne J. Vignier
427 rue de la Libération
F–51530 CRAMANT
+ 33 6 84 77 33 32
www.champagnevignier.fr

Nathalie gehört mittlerweile zur zehnten Generation im Weinbau und zur sechsten im Grand-Cru-Dorf Cramant. Zunächst wollte sie die Arbeit ihrer Eltern nicht fortsetzen, aber das Schicksal entschied anders. Nun hat sie erkannt, wie faszinierend diese Arbeit ist. Ihr kleiner Sohn ist zwei Jahre alt und heute steht vor dem Haus ein Kran für den Bau eines neuen Kellers. »Als ich zwei Jahre alt war, gab es auch einen Kran«, erzählt uns Nathalie. »Mein Vater baute damals auch einen neuen Fasskeller. Auf diese Weise wiederholt sich die Geschichte und die Generationen folgen einander.«

→
Reifung des Weins im Keller, der direkt aus dem Belemnit-kreidefelsen gehauen wurde

↓
Pieter Verheyde versucht, den typischen Sézanne-Onyx herauszuschmecken.

Die Grundstücke des Champagnerhauses J. Vignier befinden sich hauptsächlich an der Côte des Blancs, in Cramant, Chouilly und Oiry, drei der siebzehn klassifizierten Grand-Cru-Dörfer.

Alle Reben in Cramant, Chouilly und Oiry wurden zwischen 1950 und 2010 gepflanzt und sind inzwischen tief in der Kreideschicht verwurzelt.

Das Haus möchte in seinem Champagner den einzigartigen Charakter des Terroirs und das Zusammenspiel von Boden, Klima und Chardonnay-Trauben widerspiegeln.

J. Vignier besitzt auch Grundstücke an den 50 Kilometer weiter südlich gelegenen Coteaux du Sézannais, wo ein milderes Klima herrscht. Sie haben die besten Cramant-Reben auf diese Parzellen umgepflanzt. Die Kombination aus dem reichen Boden, dem wärmeren Klima und den Reben ergibt einen außergewöhnlichen Champagner. Auf dem Kreideboden findet man kleine Stücke von Feuerstein und Karneol. Diese werden tagsüber von der Sonne erwärmt und geben abends die gespeicherte Wärme in den Boden ab.

Das Pressen erfolgt nur in Cramant. Bis 2008 wurden so rund 140.000 Flaschen pro Jahr produziert, die von Hand gerüttelt wurden. Als der *Remueur* 2008 in Rente ging, wurde der Remuage-Prozess auf ein mechanisches System umgestellt.

Das Haus hat vier verschiedene Cuvées.

Fazit

Das Familien-Motto lautet: »La bonté de l'esprit et la grandeur de courage« oder »Die Güte des Geistes und die Großartigkeit des Mutes«.

Das Champagnerhaus J. Vignier ist ein Teilprojekt für Parzellenweine im traditionellen Haus Vignier Lebrun, das Champagner von beispielloser Raffinesse liefert. Das Haus produziert weiterhin den Champagner Paul Lebrun, der sich an einen treuen, traditionellen Kundenstamm richtet. Der Champagner J. Vignier war für uns eine kleine Überraschung.

←
Übergang vom
neuen Betonkeller
zum traditionellen
Belemnitkreide-Keller

↗
Reifung in Holzfässern
und Lagerung *sur pointe*

CUVÉES UND MILLÉSIMES

ORA ALBA

Klassifikation	Grand Cru
Terroir	Aus Anbauflächen in Chouilly, Oiry und Cramant
Boden	Kreideboden
Rebsorte	100 % Chardonnay
Zusammenstellung	Assemblage von Grand-Cru-Weinen, 70 % Millésime von 2009 und 30 % von 2010 und 2011
Dosage	5 g/Liter
Geschmack	Brut
Herstellung	Lagerung fünf Jahre *sur lies*

SILEXUS SEZANNENSIS

Terroir	Anbaufläche Le Chatet in Saudoy
Boden	Feuersteinhaltiger Oberboden, kalkhaltiger Untergrund
Rebsorte	100 % Chardonnay
Zusammenstellung	Millésime von 2011
Dosage	5 g/Liter
Geschmack	Brut
Herstellung	Vier Jahre Lagerung vor dem Degorgieren, fünf Jahre *sur lies*

LES LONGES VERGES

Klassifikation	Grand Cru
Terroir	Der Name bezieht sich auf die Anbaufläche zwischen Cramant und Chouilly
Boden	Kreideboden
Rebsorte	100 % Chardonnay
Zusammenstellung	Millésime von 2013
Dosage	5 g/Liter
Geschmack	Brut
Herstellung	Lagerung vier Jahre *sur lies*

CHAMPAGNE J. VIGNIER

Terroir	Stammt aus einer Anbaufläche in Cramant und einer in Barbonne Fayel (Coteaux du Sézannais)
Boden	Kreideboden
Rebsorte	100 % Chardonnay
Zusammenstellung	2008
Dosage	5 g/Liter
Geschmack	Brut
Herstellung	Lagerung acht Jahre *sur lies*

CHAMPAGNERHAUS FRANÇOISE BEDEL ET FILS

Françoise Bedel, Königin des Pinot Meunier

Das Champagnerhaus Françoise Bedel et Fils ist ein Winzerhaus in dritter Generation mit einem Weingut in der Nähe von Château-Thierry, zwischen Paris und Reims gelegen. Das Unternehmen wird von einer Frau geleitet, Françoise Bedel. Obwohl sie nicht besonders gastfreundlich ist, wollen wir sie dennoch besuchen, denn dies ist ein Spitzenhaus für biologisch-dynamischen Weinbau.

Auf dem 8,4 Hektar großen Gut werden jährlich rund 70.000 Flaschen produziert, wobei die Trauben im Durchschnitt zwischen 30 und 60 Jahre alt sind. Die Anbauflächen in Crouttes-sur-Marne, Nanteuil-sur-Marne, Charly-sur-Marne und Villiers-Saint-Denis haben alle einen lehm-kalkhaltigen Boden.

»Wir sind ständig auf der Suche nach Harmonie und Gleichgewicht zwischen Weinberg und Wein«, sagt Françoise Bedel und erklärt, wie und wann sie auf Biodynamik umgestellt haben. »Mein Sohn Vincent wurde 1980 geboren; 1982 bekam er gesundheitliche Probleme. Ich lernte einige Homöopathen kennen und konnte so meinen Horizont erweitern.«

Ihren ersten Kontakt mit der Biodynamik hatte sie 1996, und ein Jahr später stellte sie den Einsatz von Pestiziden ein und begann, den Boden nur noch mit einem Pflug zu bearbeiten.

1998 wurden zwei Hektar auf Biodynamik umgestellt, 1999 folgten weitere sieben Hektar. Alle sind nun Ecocert-zertifiziert. Bis 2006 wurden alle Parzellen auf biodynamischen Weinbau umgestellt.

Champagne
Françoise Bedel et Fils
71, Grande Rue
F–02310 CROUTTES-
SUR-MARNE
+ 33 3 23 82 15 80
www.champagne-bedel.fr

Rudolf Steiner machte die Biodynamik 1924 erstmals bekannt. Der Begründer der Anthroposophie war davon überzeugt, dass sich jeder, der minderwertige Lebensmittel verzehrt, schlecht fühlen würde. In Zusammenarbeit mit einigen fortschrittlichen Landwirten und nach acht Konferenzen, wurde von Steiner eine neue Art der Landwirtschaft entwickelt, die auf Englisch als »The Agriculture Course« veröffentlicht wurde.

Sie basierte auf den folgenden Prinzipien:

› Boden- und Pflanzendüngung mit Präparaten aus Pflanzen, Tieren und Mineralien.
› Anwendung dieser Präparate zum richtigen Zeitpunkt, im Einklang mit dem Vegetationszyklus und in Übereinstimmung mit dem Mond und dem Lauf der Planeten.
› Bodenbearbeitung durch Pflügen und Rechen.

Françoise Bedel: »Biologisch-dynamische Landwirtschaft bedeutet im Grunde genommen, den Boden zu pflegen und ein Gleichgewicht zwischen den Pflanzen, dem Boden und seiner Umwelt zu gewährleisten. In unserem Fall geht es darum, den Austausch zwischen dem Boden und dem Wurzelsystem des Weinbergs zu fördern und letztendlich die Eigenschaften des Bodens geschmacklich auf die Trauben zu übertragen. Das ist mir sehr wichtig. Alle Trauben werden von demselben Team, das wir seit 20 Jahren beschäftigen, von Hand geerntet.«

Die drei Rebsorten (Pinot Meunier, Pinot Noir und Chardonnay) werden einzeln, Parzelle für Parzelle, mit einer Druckluftpresse verarbeitet. Der Saft darf nicht mit den Stängeln in Berührung kommen.

Ziel ist es, einen perfekten Wein zu kreieren. Er reift in Eichenfässern, was dem Wein Fülle und ein schönes Aroma verleiht. Die Abfüllung erfolgt nach dem Mondkalender von Maria Thun. »Der Kompost, der einen großen Einfluss auf die Pflanzenvermehrung hat, wird im Herbst auf den Feldern verteilt. Der Boden erwacht bei der Tagundnachtgleiche im Herbst am 21. September und schläft bei der Tagundnachtgleiche im Frühjahr am 21. März wieder ein. In dieser Zeit wird der Boden mit Sauerstoff versorgt und die Vermehrung guter Bakterien gefördert. Das Rechen, Wenden und Festtreten des Bodens regen die Aktivität der vielen darin vorkommenden Mikroorganismen an. Ohne eine solche Aktivität ist es unmöglich, den Einfluss des Terroirs voll zu nutzen«, fuhr Bedel fort.

↓
Champagnerkorken, die mit Hanfschnüren und typischem Siegellack befestigt sind

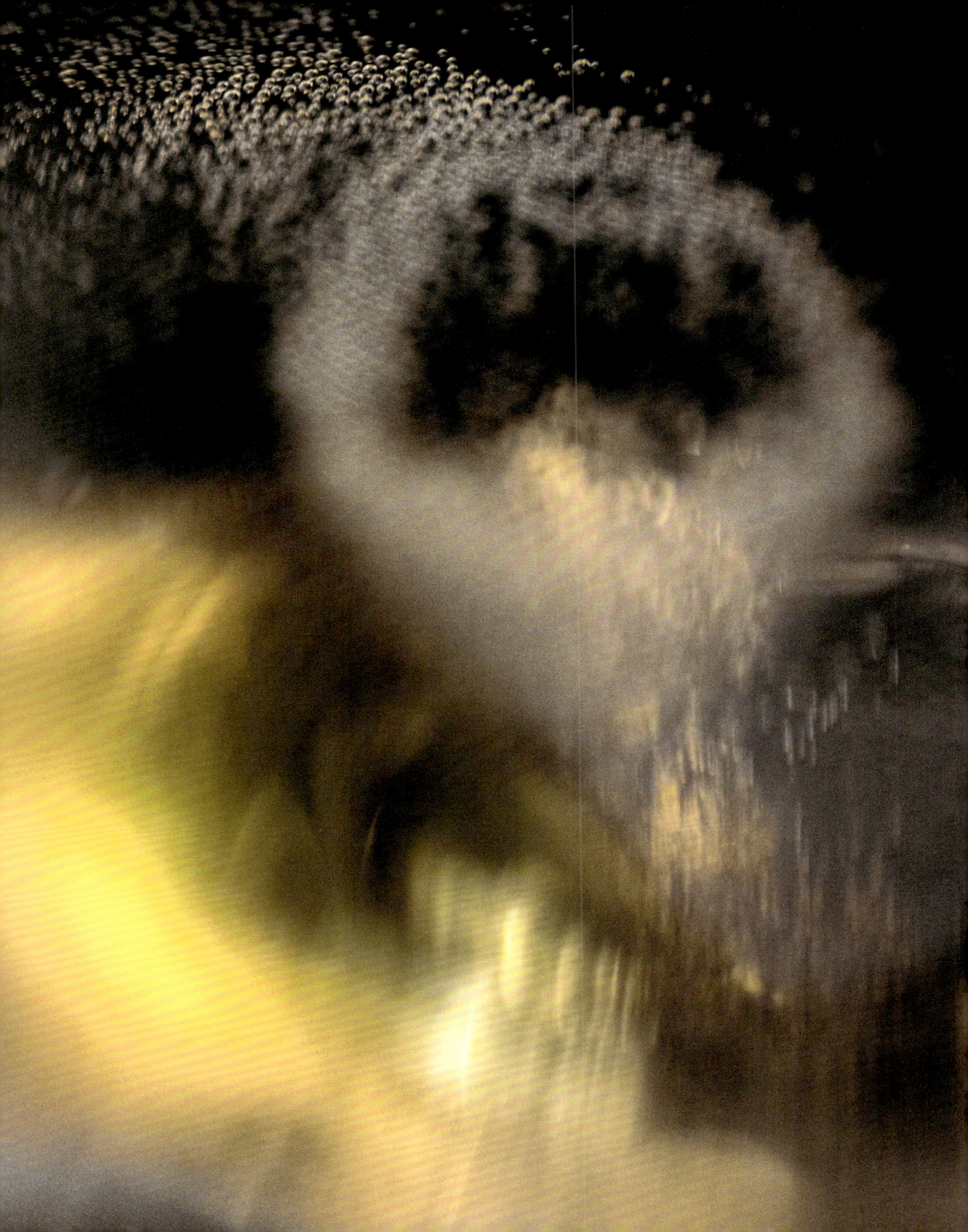

»Maria Thun fand nach jahrelanger Forschung heraus, dass der Kosmos einen großen Einfluss auf die Pflanzen hat. Die Sonne, der Mond und alle anderen Planeten beeinflussen Pflanzen, Tiere und Menschen auf unterschiedliche Weise.«

Der Zeitpunkt der Verkostungen, die Ende Oktober auf dem Gut stattfinden, wird auch durch den Mondkalender von Maria Thun bestimmt. Alle Champagner werden blind verkostet; das Gut produziert Champagner in brut nature, brut und extra brut.

Fazit Ein Spitzenhaus für biologisch-dynamischen Weinbau, das unter dem Motto von Antoine de Saint-Exupéry steht: »Wir erben den Boden nicht von unseren Vorfahren, wir leihen ihn von unseren Kindern.«

←
Füllen und
»Ankleiden«
(Verkorken)
der Flasche

↓
Die Cuvées des
Hauses Bedel

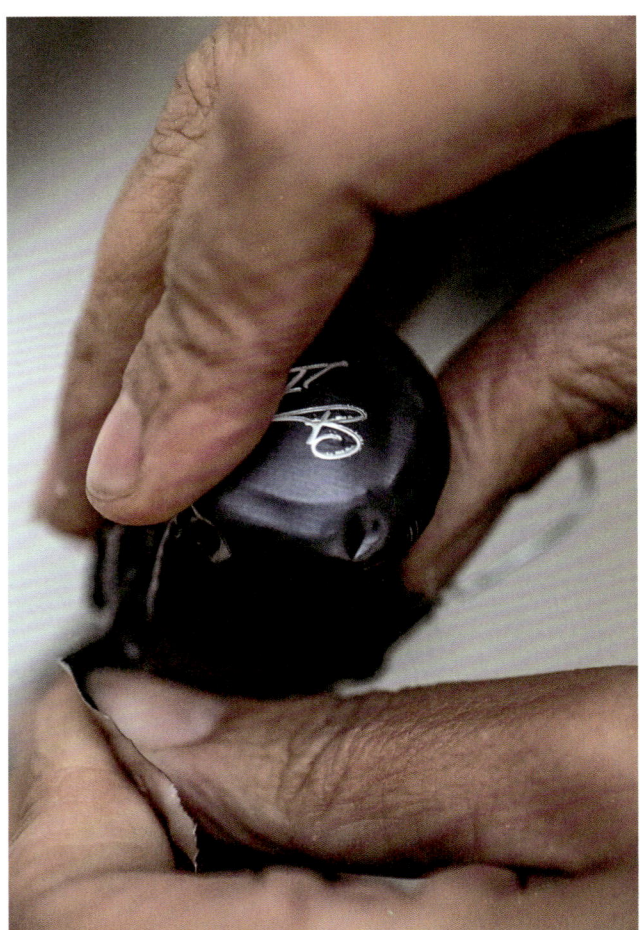

CUVÉES UND MILLÉSIMES

ORIGIN'ELLE

Boden	Ton, Lehm und Mergel auf einem Kalksteinsubstrat
Rebsorte	10 % Pinot Noir, 75 % Pinot Meunier, 15 % Chardonnay
Fazit	Ausprägung des Pinot Meunier, rund und frisch

DIS »VIN SECRET«

Boden	Lehm und Mergel auf einem Kalksteinsubstrat
Rebsorte	8 % Pinot Noir, 86 % Pinot Meunier, 6 % Chardonnay

ENTRE CIEL ET TERRE

Boden	Hauptsächlich Ton und Mergel auf einem Kalksteinsubstrat
Rebsorte	100 % Pinot Meunier

L'ÂME DE LA TERRE

Boden	Ton, Lehm und Mergel auf einem Kalksteinsubstrat
Rebsorte	40 % Pinot Noir, 40 % Pinot Meunier, 20 % Chardonnay
Zusammenstellung	Millésime

COMME AUTREFOIS

Boden	Ton, Lehm und Mergel auf einem Kalksteinsubstrat
Rebsorte	40 % Pinot Noir, 40 % Pinot Meunier, 20 % Chardonnay
Geschmack	Extra brut
Herstellung	Lagerung unter Kork, zwölf Jahre Reifung in Fässern, Vinifizierung in Eichenfässern

ROBERT WINNER MILLÉSIME 1996

Rebsorte	6 % Pinot Noir, 88 % Pinot Meunier, 6 % Chardonnay
Zusammenstellung	Millésime
Herstellung	Dieser Champagner wird unter Kork gelagert, in Emaillefässern vinifiziert und reift 14 Jahre lang *sur lies*.
Fazit	Dieser Champagner ist eine Homage an Robert Winner, Freund des Hauses und Homöopath.

CHAMPAGNERHAUS
CHARTOGNE-TAILLET

Alexandre Taillet:
»Du kannst deine Frau täuschen, aber keinen Kunden«

Etwa 8 Kilometer von Reims entfernt, am südlichen Rand des Massif de Saint-Thierry, hielten wir bei dem Gut Chartogne-Taillet in Merfy, wo uns Alexandre Taillet empfing.

Er ist ein *Récoltant Manipulant*, der nach dem Motto arbeitet: kleine Erträge, Topqualität.

Die Familiengeschichte besagt, dass dieses Haus bereits 1485 in Merfy Wein anbaute. Alles begann mit Fiacre Taillet und das gleiche Blut fließt noch immer durch die Adern dieses Champagnerhauses.

Alexandre arbeitete zuvor im Burgund, er war einst Lehrling von Anselme Selosse. Er führt den Weinberg auf eine vollkommen biodynamische Weise und plant, auf seinen elf Hektar Land in Merfy, Chenay und Saint-Thierry jährlich 100.000 Flaschen zu produzieren. Das Haus besitzt alte Reben, ohne Unterlagsreben.

Vor einigen Jahren begann Alexandre, die verschiedenen Anbauflächen wie im 17. Jahrhundert aufzuteilen. Er richtete sich dabei nach den alten Grundbuchkarten, die inklusive einer Sammlung von Tagebüchern im imposanten Familienarchiv gefunden wurden. Es war üblich, dass alle Familienmitglieder ein Tagebuch führten. In diesen Tagebüchern haben sie nicht nur Notizen über den Weinbau, sondern auch über Kultur und Politik gemacht. Sogar Alexandres kleiner Sohn Hélois hat bereits sein eigenes Tagebuch.

So finden sich in dem von Antoine Taillet geführten Tagebuch zum Beispiel folgende Aufzeichnungen: »Heute ist der 2. Juli 1812 und es ist viel zu kalt. Die Trauben fallen ab und die Kälteperiode wird voraussichtlich bis zum 16. Juli andauern. Eine harte Zeit steht uns bevor, aber dann wird es besser werden.«

Die Familie legt großen Wert auf ihre Vergangenheit, und in einigen Bereichen wird die Tradition auch fortgeführt.

Alexandre erzählt uns, dass er mit großer Leidenschaft diesen komplexen Boden bearbeiten würde. Die vielen im Boden vorhandenen Mikroorganismen tragen zum Wert des Terroirs und zur Qualität der Trauben bei. Um dieses empfindliche Gleichgewicht zu schützen, ist große Sorgfalt geboten.

Champagne Chartogne-Taillet

37-39, Grande Rue

F–51220 MERFY

+ 33 3 26 03 10 17

www.chartogne-taillet.com

»Als Winzer«, sagt Alexandre, »liegt es in meiner Verantwortung, dies optimal zu nutzen. Jedes Jahr analysieren Claude und Lydia Bourguignon den Gesundheitszustand von Fauna und Flora auf dem Gelände. Die Bourguignons sind die führenden Experten für Geologie und Bodenanalyse in der Weinwelt.«

Ziel ist, dass sich jede Pflanze voll entfalten kann. Alexandre zum Beispiel wird den Boden nie zu hart verdichten, und er weigert sich, einen Traktor auf den Weinberg zu lassen. Stattdessen nutzt er Pferde, wodurch mehr Sauerstoff in den Boden gelangt. Alle chemischen Herbizide sind verboten und er verwendet Hunderte von lokalen Kräutern, um die Bodengesundheit auf natürliche Weise zu gewährleisten. Alexandre ist kein Fan von Maschinen. »Maschinen können Menschen ersetzen, aber sie haben einen negativen Einfluss auf den Wein«, findet er. »Wenn man keine Maschinen benutzt, verbringt man mehr Zeit im Weinberg und ist damit viel besser im Einklang mit der Natur.« Nach der Lese werden die Trauben so schnell wie möglich gepresst, um die beste Saftqualität zu erhalten.

Fazit Lebendiger Champagner, ein Stück Geschichte in den Händen einer neuen Spitzengeneration.

→ Alexandre Taillet erklärt die Bodenbeschaffenheit.

↘ Alexandre Taillet experimentiert gerne mit Holz, Edelstahl und Beton in Bezug auf die Weinlagerung.

↙ Historischer Innenhof und Lagerraum bei Chartogne-Taillet

←← Alexandre Taillet lässt uns seinen Champagner im historischen Keller der Familie Chartogne-Taillet verkosten.

← Offensichtlich ist dieser Champagner noch ungefiltert.

↑ Champagner, der *sur lattes* und auf *Pupitres* reift

↓ Die Verpackungsmaschine, eines der wenigen mechanischen Geräte im Hause Chartogne-Taillet

→ Die Familienbibliothek mit einer alten Grundbuchkarte, die Alexandre zur Aufteilung seiner Grundstücke verwendet

↘ Beim Öffnen wird die Flasche in einem Winkel gehalten, um den Wein nicht zu verschütten.

CUVÉES UND MILLÉSIMES

CUVÉE SAINTE ANNE

Terroir	Die Anbaufläche Les Beaux Sens in Merfy
Boden	Sand, Lehm und Kalkstein
Rebsorte	Pinot Noir, Pinot Meunier und Chardonnay von durchschnittlich 25 Jahre alten Reben
Zusammenstellung	Abhängig vom Jahrgang
Dosage	4,5–7 g/Liter
Geschmack	Extra brut, brut
Herstellung	Vinifizierung in Edelstahltanks, keine Filtration, natürliche Hefe
Fazit	Die Cuvées besitzen all die typischen Eigenschaften des Bodens von Merfy.

ROSÉ

Boden	Sand und Kalkstein
Rebsorte	Die Rebsorte ist vom Jahr der Ernte abhängig; in dieser Cuvée wird kein Pinot Meunier verwendet.
Zusammenstellung	Millésime
Dosage	5,5 g/Liter
Geschmack	Brut
Herstellung	Vinifizierung in Edelstahltanks, keine Filtration, natürliche Hefe. Der Rotwein, der für diesen Rosé verwendet wird, stammt von der Anbaufläche Les Orizeaux (Pinot-Noir-Trauben).

MILLÉSIME

Terroir	Les Couarres, eine Anbaufläche inmitten von Merfy
Boden	Lehm
Rebsorte	60 % Pinot Noir, 40 % Chardonnay von 30 Jahre alten Reben
Zusammenstellung	Millésime
Dosage	6 g/Liter
Herstellung	Vinifizierung in Edelstahltanks, Lagerung *sur lies* bis zum März des Folgejahrs.
Fazit	Ein wunderbar tiefgehender, vollmundiger und dennoch mineralischer Geschmack. Dies ist einer der besten Champagner des Hauses.

FIACRE

Terroir	Aus zwei nahe beieinanderliegenden Anbauflächen: Le Chemin de Reims und Les Orizeaux
Boden	Sand mit Kalkstein
Rebsorte	40 % Pinot Noir, 60 % Chardonnay
Zusammenstellung	Millésime
Dosage	6–7 g/Liter
Geschmack	Brut
Herstellung	Vinifizierung in Edelstahltanks, nur die *Tête de Cuvée* wird verwendet.
Fazit	Ein distinguierter Champagner mit großer Finesse

LES BARRES

Terroir	Die Anbaufläche Les Barres in Merfy Die Pinot-Meunier-Trauben stammen von einem der seltenen Weinberge mit unangetasteten Reben. Die Reben sind 60 Jahre alt. Sie werden auf sandigem Boden gepflanzt, wo die Reblaus keine Chance hat.
Boden	Ein sandiger Boden mit weniger Kalkstein als bei den anderen Anbauflächen. Der Kalkstein befindet sich tiefer im Boden.
Rebsorte	100 % Pinot Meunier
Zusammenstellung	Millésime
Dosage	0 g/Liter
Geschmack	Extra brut
Herstellung	Vinifizierung in 3–9 Jahre alten Fässern, keine Filtration, natürliche Hefen

LES ALLIÉES

Terroir	Die Anbaufläche Les Aliées, etwas weiter entfernt als die anderen Anbauflächen
Boden	Sandig
Rebsorte	100 % Pinot Meunier Die Reben wurden 1969 angepflanzt.
Zusammenstellung	Millésime
Dosage	3 g/Liter
Geschmack	Extra brut
Herstellung	Spontane Gärung, keine Filtration
Fazit	Ein Extra brut mit angenehmer Säure

LES ORIZEAUX

Terroir	Die Anbaufläche Les Orizeaux in Merfy
Boden	Sand mit Kreide
Rebsorte	100 % Pinot Noir von mehr als 50 Jahre alten Reben
Zusammenstellung	Millésime
Dosage	0 g/Liter
Geschmack	Extra brut
Herstellung	Vinifizierung in 3–9 Jahre alten Fässern ohne Filtration, natürliche Hefen
Fazit	Obwohl die Reben auf sandigem Boden wachsen, kann man den Lehm schmecken, der aus dem darunterliegenden Gestein kommt. Ein eleganter Champagner.

HEURTEBISE, BLANC DE BLANCS

Terroir	Die Anbaufläche Les Heurtebise in Merfy
Boden	Sand mit Kalkstein
Rebsorte	100 % Chardonnay von durchschnittlich 35 Jahre alten Reben
Zusammenstellung	Millésime
Dosage	Abhängig vom Jahrgang
Geschmack	Brut
Herstellung	Vinifizierung in Edelstahlbottichen, keine Filtration, natürliche Hefen

CHAMPAGNERHAUS JÉRÔME PRÉVOST

Jérôme Prévost ist immer auf der Suche nach Neuem

1987 erbte Jérôme Prévost zwei Hektar Land von seiner Großmutter. Sie war polnischer Herkunft und hatte ihre Reben vermietet. »Die zwei Hektar stellten ihre Altersrente dar«, sagte Jérôme. »Als ich 1987 das Gut von ihr erbte, verkaufte ich die Trauben zunächst an einen *Négociant*. Es war mein guter Freund Anselme Selosse, der mich dazu brachte, selbst Wein zu produzieren. Aber ich besaß nichts, nicht einmal Keller. Um mich zu überzeugen, machte Anselme den Vorschlag, mir eine Ecke seines Kellers zu überlassen. Im Jahr 2002 fand ich einen Standort in Gueux.«

Wir trafen uns mit Jérôme in Gueux. Anselme half ihm und unterstützte ihn lange. 2003 wurde die gesamte Produktion nach Gueux verlegt. Jérôme besitzt zwei Hektar Land mit alten Pinot-Meunier-Reben, die alle von demselben Weinberg stammen, Les Béguines in Gueux. Dieser nord-südlich ausgerichtete Weinberg ist mit 8.300 bis 10.000 Reben pro Hektar bepflanzt. Der Einsatz von Insektiziden wurde 1994 eingestellt, gefolgt von Herbiziden 1996. Im Jahr 2000 wurde die Mykorrhierung (die Kopplung einer Pflanze mit Pilzen) eingeführt, außerdem besitzt er etwa 20 Felder neben Les Béguines, die mit Pinot Meunier, Pinot Blanc, Pinot Noir und Chardonnay bepflanzt sind.

Die Reben sind noch sehr jung und ihre Trauben werden mit dem Pinot Meunier vermischt.

Die Weinberge liegen westlich von Reims. Der sandige Boden weist Spuren von Kalkstein auf, die über 55 Millionen Jahre alt sind, und das Vorhandensein von Fossilien gibt dem Wein seinen mineralischen Geschmack.

Jérôme stellt nur einen Wein von einem einzigen Weinberg her, nämlich Pinot Meunier (abgesehen von den anderen 20 Ar in Les Béguines). Die Weinherstellung erfolgt so natürlich wie der Weinbau. Für Jérôme liegt der Schwerpunkt auf dem Wein und nicht so sehr auf dem Keller. »Das Wichtigste ist, dass die Trauben reif sind.

Champagne Jérôme Prévost

Récoltant Manipulant

2, rue de la Petite Montagne

F–51390 GUEUX

+ 33 3 26 03 48 60

www.champagnelacloserie.fr

Es werden keine Pestizide oder Herbizide eingesetzt. Die Ernte erfolgt von Hand und das Pressen durch Schwerkraft. Es gibt keine Chaptalisation, und die Vinifizierung findet in Fässern statt. Die Gärung geschieht spontan und die Abfüllung erfolgt spät, irgendwann im Juni und mit einem Minimum an Schwefel. Es gibt keine Kaltstabilisierung, keine Filtration. Alle Flaschen werden auf einmal degorgiert. Der Wein reift drei Jahre lang *sur lattes*.

Die beiden Cuvées heißen »La closerie Les Béguines extra brut« und »Fac similé rosé«.

»Der Rosé kam zuerst«, gestand er, »weil ich davon träumte, einen Rotwein herzustellen.« Für ihn macht die Herstellung von Rotwein mehr Spaß als die Herstellung von Weißwein. »Der einzige Grund dafür ist, dass die Schale am schmackhaftesten ist. Aber bei der Champagner-Herstellung werden die Trauben schnell gepresst, um eine Rotfärbung zu verhindern.«

Voller Neugierde ist Jérôme immer auf der Suche nach neuen Dingen. »Ich habe das von meinem Vater«, sagt er, »und das ist auch notwendig. Denn Neugierde erzeugt nicht nur Zweifel, sondern manchmal auch große Freude bei der Arbeit auf den Hängen und versetzt einen manchmal sogar in Trance. Ich bin sehr anspruchsvoll, aber auch intuitiv. Das habe ich von meiner Mutter.«

→
Wein zu teilen, ist Freundschaft.

↘
Jérôme Prévost erklärt gerne, wie er seinen Champagner herstellt.

↙
Prévost-Champagner lockert die Zungen.

Fazit

Da das Haus nur 13.000 Flaschen pro Jahr produziert, können wir dies als anspruchsvolles Mini-Projekt bezeichnen.

ICI
C'EST DÉJA
LA VITICULTURE
DE DEUX MAINS

" SI VOUS AVEZ UN PROBLÈM
AVEC LA QUALITÉ.
ESSAYEZ LA QUANTITÉ. "

CUVÉES UND MILLÉSIMES

LA CLOSERIE LES BÉGUINES EXTRA BRUT

Terroir	Aus dem Dorf Les Béguines (wörtlich ein »Bündel Trauben«). Eine *Closerie* ist ein 2–3 Hektar großes Gut.
Boden	Der Weinberg befindet in 120 Metern Höhe und hat einen sandigen Kalksteinboden, der aus dem Paläozän stammt.
Rebsorte	2 % Pinot Noir, 94 % Pinot Meunier, 2 % Chardonnay, 2 % Pinot Gris
Dosage	2,5 g/Liter
Geschmack	Extra brut
Herstellung	Der Wein durchläuft eine malolaktische Gärung, und es werden keine Maschinen oder Elektrizität für die Abfüllung verwendet. Der Wein wird in 225–600 Liter großen Fässern gelagert.

FAC SIMILÉ, ASSEMBLAGE-ROSÉ

Terroir	Les Béguines
Zusammenstellung	87 % Grundwein aus Les Béguines, 13 % stiller Rotwein aus Les Béguines, außerdem Pinot Meunier
Dosage	2–3 g/Liter
Geschmack	Extra brut
Fazit	Nur 3.300 Flaschen werden jährlich von diesem Champagner hergestellt.

←
Für Jérôme Prévost bedeutet die Champagnerherstellung Poesie.

CHAMPAGNERHAUS DE SOUSA

Erick & Charlotte de Sousa:
»Der Wille, sich ständig zu verbessern«

Heute sind wir im Champagnerhaus De Sousa in Avize an der Côte des Blancs, wo wir von Charlotte de Sousa, einer charmanten jungen Dame, empfangen werden. Sie führt das Gut unter der strengen Aufsicht ihres Vaters Erick.

Die Familiengeschichte reicht bis in den Ersten Weltkrieg zurück. Unter den Verbündeten waren auch portugiesische Soldaten; sie gehörten zu den Soldaten, die als »Les Poilus« bezeichnet wurden (wörtlich die »Haarigen«, da sie oft Schwierigkeiten hatten, ihre Haare und Bärte in den Schützengräben zu schneiden).

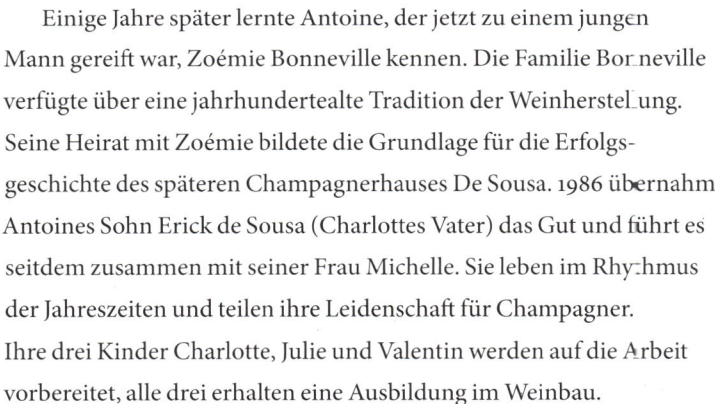

Manuel de Sousa, geboren in der Nähe von Porto, war einer von ihnen. Nach dem Krieg kehrte er nach Portugal zurück. Während seiner Abwesenheit war sein Geschäft jedoch ins Stocken geraten und es fiel ihm schwer, wieder auf die Beine zu kommen. Dies führte zu seiner Entscheidung, nach Frankreich zurückzukehren. Zusammen mit seiner Frau und dem Baby Antoine zogen sie nach Avize. Manuel musste harte Arbeit verrichten. Jeden Tag brachte er mit Pferd und Wagen eisenreiche Erde aus den Wäldern in den Weinberg. Doch dann schlug das Schicksal zu, Manuel starb im Alter von 29 Jahren an einem Hirntumor und hinterließ seine Frau und sein Kind.

Einige Jahre später lernte Antoine, der jetzt zu einem jungen Mann gereift war, Zoémie Bonneville kennen. Die Familie Bonneville verfügte über eine jahrhundertealte Tradition der Weinherstellung. Seine Heirat mit Zoémie bildete die Grundlage für die Erfolgsgeschichte des späteren Champagnerhauses De Sousa. 1986 übernahm Antoines Sohn Erick de Sousa (Charlottes Vater) das Gut und führt es seitdem zusammen mit seiner Frau Michelle. Sie leben im Rhythmus der Jahreszeiten und teilen ihre Leidenschaft für Champagner. Ihre drei Kinder Charlotte, Julie und Valentin werden auf die Arbeit vorbereitet, alle drei erhalten eine Ausbildung im Weinbau.

Während Julie noch studiert, arbeiten Charlotte und Valentin bereits Vollzeit auf dem Gut.

Champagne De Sousa
Négociant Manipulant
12, place Léon Bourgeois
F–51190 AVIZE
+ 33 3 26 57 53 29
www.champagnedesousa.com

Das Geheimnis des Hauses De Sousa ist, dass es mit alten, tief verwurzelten Reben arbeitet. Je tiefer die Wurzeln reichen, desto mehr Geschmack aus dem Terroir gelangt in die Trauben. Genau das möchte De Sousa erreichen: den vollen Geschmack des Terroirs in seinem Champagner. Da die Wurzeln sehr tief reichen, gelangen Düngemittel nur sehr schwer dorthin.

Im Jahr 2010 stellte das Haus ganz auf ökologischen Anbau um und erhielt 2013 sein Bio-Zertifikat. De Sousa produziert jährlich 100.000 Flaschen in 42 Parzellen auf elf Hektar kalkhaltigem Boden. 30 % der Reben sind Pinot Noir, 10 % Pinot Meunier und 60 % Chardonnay. 70 % der alten Reben sind im Durchschnitt 45 Jahre alt. Auf jedem Hektar wachsen 8.000 Reben. Es werden die Beschneidungsmethoden Chablis und Cordon de Royat verwendet.

Der einzige Nachteil, den wir bei unserem Besuch bemerkt haben, ist, dass sich das inmitten von Avize gelegene

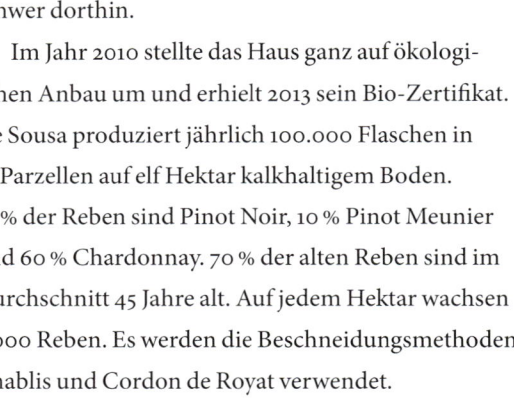

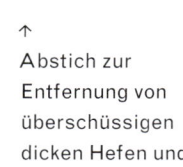

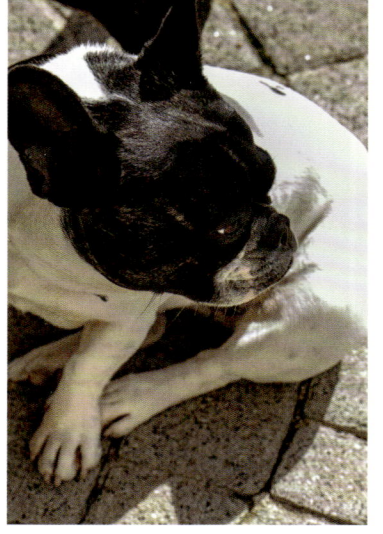

Gut in zwei separaten Gebäuden befindet; dies erschwert die Logistik. Als wir ankamen, wurde gerade eine neue Presse geliefert. In den Räumen, in denen der Wein gelagert wird, erklingt klassische Musik. Ich sagte, dass dies für das Personal angenehm sei, Erick de Sousa korrigierte mich und erklärte, dass die Musik »nicht für das Personal, sondern für den Wein« sei. Bemerkenswert sind die Kristallglas-Accessoires zwischen den Fässern. Laut Erick de Sousa steigert Kristallglas den Energiewert des Weins.

Bemerkenswert ist auch die *Cuve ovoïde*, ein eiförmiger Bottich, der vollständig aus Holz besteht. Das hilft, den Sauerstoff zu regulieren, erklärte Erick uns. Die Vinifizierung erfolgt in Emailletanks, was dem Wein eine bessere Ausgewogenheit verleiht. Die Kellertemperatur wird konstant bei 10° C gehalten und die *Remuage* (Drehen der gefüllten Flaschen) erfolgt weiterhin von Hand. In diesem Haus ist immer etwas los.

Fazit Dies ist ein strenges, durchstrukturiertes Haus, das sich bemüht, ständig besser zu werden.

↑
Abstich zur Entfernung von überschüssigen dicken Hefen und Verunreinigungen

↗
Ovaler Holztank, Beispiel für ein Experiment zur biodynamischen Konvektion

↦
Champagner wird in Holzfässern gelagert, aber auch in emaillierten Tanks vinifiziert.

→
Charlotte de Sousa leitet mit ihrem Vater Erick das Champagnerhaus De Sousa.

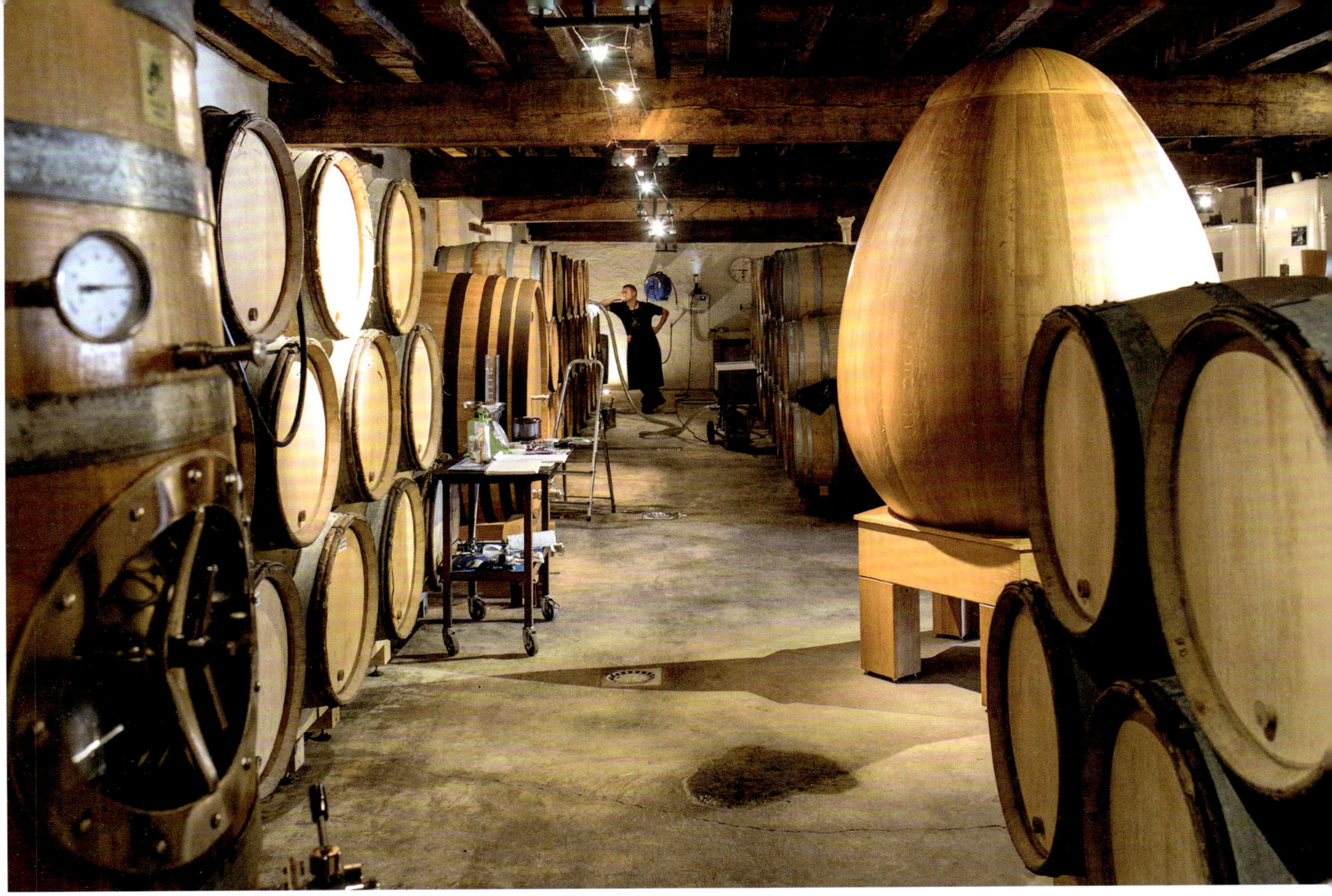

AMPAGNE
De Sousa
à Avize
de Précision

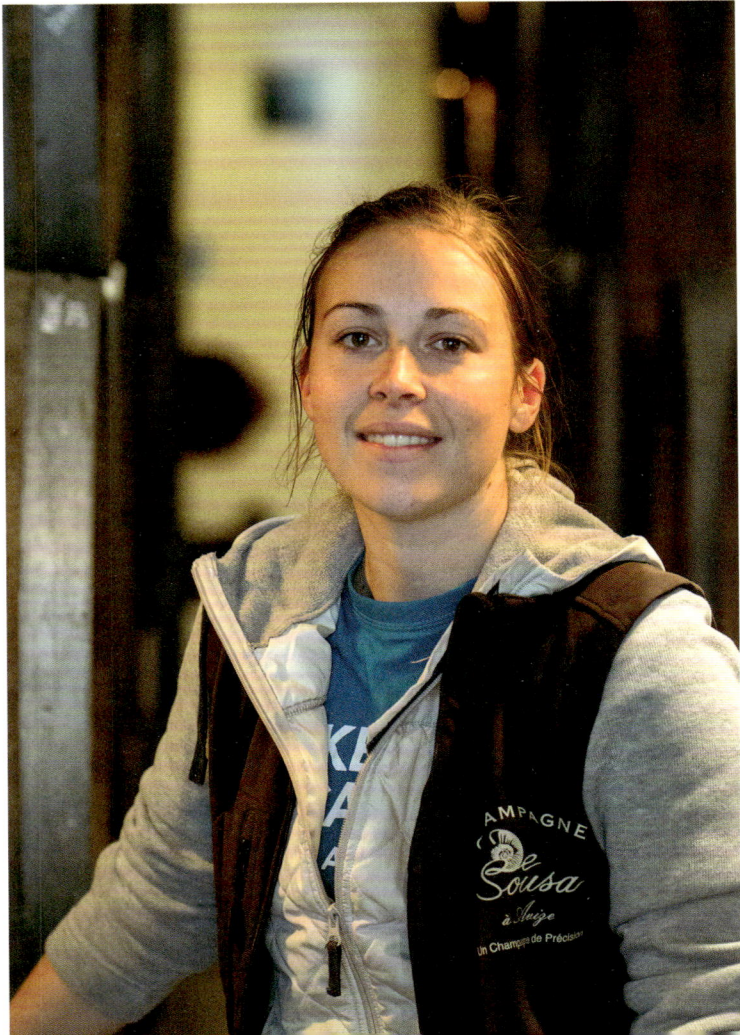

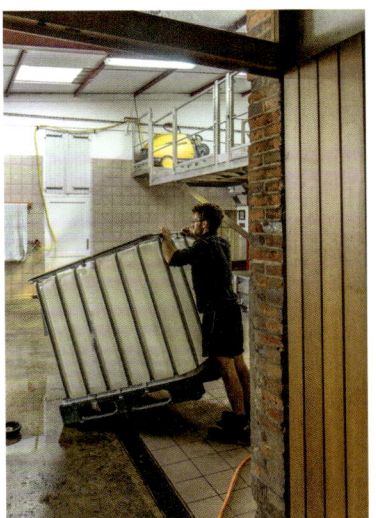

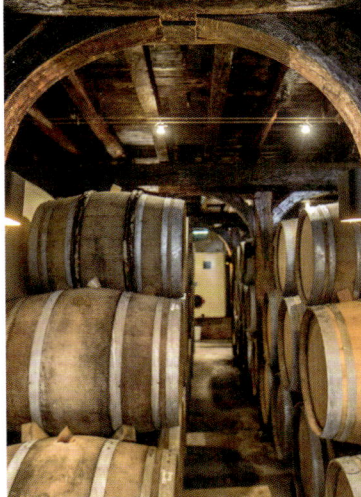

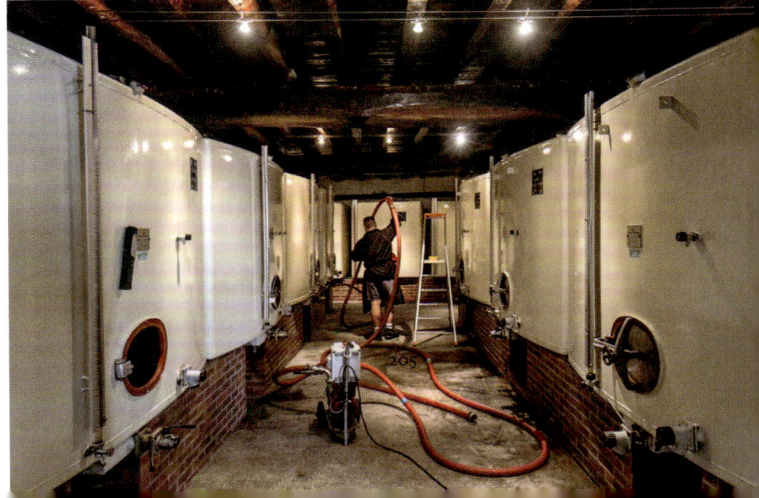

←←
Charlotte
krempelt in der
Erntezeit gerne
die Ärmel hoch.

←
Alle Mann an Deck
zur Erntezeit, hier
werden die Trau-
ben eingebracht
und von ihren
Stängeln befreit.

↑
Detail der
Maschine, mit
der Blätter abge-
schnitten und
entfernt werden

↓
Die Trauben
werden einge-
bracht. Der
gepresste Saft
wird in Transport-
behälter gefüllt.

→
Sauberkeit hat
im Weingut
oberste Priorität.

↘
Detail der
Coquard à
plateau incliné
(seitliche)
Presse

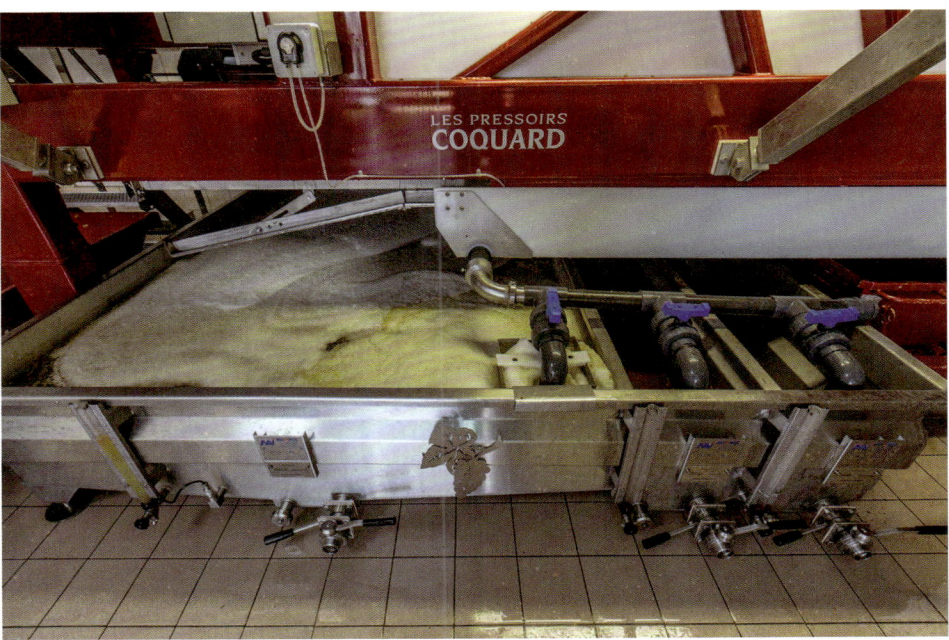

CUVÉES UND MILLÉSIMES

BLANC DE NOIRS

Klassifikation	Grand Cru
Terroir	Nachdem Erick und seine Familie jahrelang darüber nachgegrübelt hatten, beschlossen sie, eine neue Herausforderung anzunehmen, und arbeiteten mit Pinot Noir von den Anbauflächen in Bouzy und Tours-sur-Marne, zwei historischen Grand-Cru-Dörfern in der Montagne de Reims.
Rebsorte	100 % Pinot Noir
Dosage	7 g/Liter
Geschmack	Brut
Herstellung	Nur 3.900 Flaschen werden jährlich produziert. Die erste Cuvée wurde 2012 hergestellt, 10 Monate auf Holz gelagert und 2013 abgefüllt. Die Gärung findet spontan statt und es gibt keine Filtration. Es wird eine *Bâtonnage* (Aufrühren der Hefe) im Fass durchgeführt, außerdem eine *Poignettage* (Schütteln der Flasche) im Keller. Acht Monate nach dem *Degorgieren* ist der Pinot Noir ausgeglichen; er lagert drei Jahre lang im Keller für eine bestmögliche Qualität.

BRUT TRADITION

Terroir	Aus Avize (Grand Cru), Grauves (Premier Cru) und Mardeuil
Rebsorte	40 % Pinot Noir, 10 % Pinot Meunier, 50 % Chardonnay
Zusammenstellung	Assemblage verschiedener Jahrgänge
Geschmack	Brut
Herstellung	Die Gärung ist thermo-reguliert. Die Trauben stammen alle aus dem De-Sousa-Weinberg und werden gelesen, wenn sie die perfekte Reife erreicht haben.
Fazit	Der Pinot Noir gibt dem Champagner seinen runden Geschmack, der Pinot Meunier seinen Weingeschmack und der Chardonnay seine Finesse.

BRUT RÉSERVE, BLANC DE BLANCS

Klassifikation	Grand Cru
Terroir	Aus Grand-Cru-Anbauflächen in Avize, Cramant, Le Mesnil-sur-Oger und Oger
Rebsorte	100 % Chardonnay, Chablis-Reberziehung
Zusammenstellung	Assemblage von 2–3 Jahrgängen mit mind. 25 % Reservewein
Geschmack	Brut
Herstellung	Vinifizierung in Bottichen zum Erhalt der Authentizität

BRUT ROSÉ, ASSEMBLAGE-ROSÉ

Klassifikation	Grand Cru, Premier Cru
Terroir	Die Chardonnay-Trauben kommen von einer Parzelle in Grauve, der Pinot Noir aus Aÿ.
Rebsorte	10 % Pinot Noir, 90 % Chardonnay.
Geschmack	Brut

3 A

Klassifikation	Grand Cru
Terroir	Die Trauben kommen aus drei Dörfern, deren Namen alle mit A beginnen: Aÿ, Avize und Ambonnay. Die Chardonnay-Trauben kommen aus Avize, in der Côte des Blancs. Die Hälfte der Pinot-Noir-Trauben kommt aus Aÿ, einem Dorf an der Grenze zwischen der Montagne de Reims und dem Vallée de la Marne. Südlich ausgerichtete Hänge sorgen dafür, dass diese Trauben die meiste Sonne abbekommen, was ihnen ihre Finesse verleiht. Die andere Hälfte der Pinot-Noir-Trauben kommt aus Ambonnay, ebenfalls ein Grand-Cru-Dorf in der Montagne de Reims. Die Montagne de Reims ist ein längliches, bewaldetes Plateau mit kalkhaltigem Boden, das von Weinbergen begrenzt wird, die seit 1950 bewusst nur kleine Erträge erzielen
Boden	Kreide mit einem Untergrund aus Muschelfossilien
Rebsorte	50 % Pinot Noir, 50 % Chardonnay Von durchschnittlich 50 Jahre alten Reben.
Herstellung	Der Wein reift in 250 Liter großen Fässern.
Fazit	Der Kreideboden mit dem Untergrund aus Muschelfossilien verleiht dem Chardonnay eine wunderbare Finesse. Das ist unser Favorit.

CUVÉE DES CAUDALIES, BLANC DE BLANCS

Klassifikation	Grand Cru
Terroir	Parzellen in Avize und Oger
Rebsorte	100 % Chardonnay von durchschnittlich 50 Jahre alten Reben
Dosage	Weniger als 5 g/Liter
Geschmack	Extra brut
Herstellung	Traubenlese erfolgt von Hand. Das Haus wählt einen späten Erntezeitpunkt, um wohlriechende Trauben zu erhalten. Dieser Champagner reift zu 100 % in Fässern, 15 % davon sind neue Fässer.
Fazit	Zu diesem Champagner gibt es eine Geschichte der Familie, eine wunderbare Mischung aus Respekt, Stolz, Tradition und Leidenschaft. »La Caudalie« ist eine Einheit, mit der der Abgang eines Weines beschrieben wird; eine Caudalie entspricht einer Sekunde.

CUVÉE DES CAUDALIES GRAND CRU

Klassifikation	Grand Cru
Rebsorte	100 % Chardonnay von durchschnittlich 50 Jahre alten Reben
Zusammenstellung	Millésime
Geschmack	Extra brut
Herstellung	Zur Herstellung dieses Champagners wird nur der beste Saft der besten Reben verwendet. Der Wein wird zehn Monate lang in Holzfässern vinifiziert. Die Gärung erfolgt spontan, der Wein wird nicht filtriert. Bâtonnage im Fass und Poignettage (Schütteln der Flaschen) im Keller (zweimal). Zwölf Monate nach dem Degorgieren ist der Wein ausgeglichen; er reift sieben Jahre lang im Keller.
Fazit	Laut Erick de Sousa hat dieser Wein ein Lagerpotenzial von 15–20 Jahren.

CUVÉE DES CAUDALIES ROSÉ

Klassifikation	Grand Cru
Rebsorte	10 % Pinot Noir, 90 % Chardonnay
Geschmack	Brut
Herstellung	Diese Cuvée wird in kleinen Fässern vinifiziert.

UMAMI

Klassifikation	Grand Cru
Terroir	Die Trauben stammen aus verschiedenen Grand-Cru-Parzellen des Hauses De Sousa.
Fazit	Umami ist eine der fünf grundlegenden Geschmacksrichtungen, neben salzig, sauer, süß und bitter. Wenn Sie diesen Champagner probieren, werden Sie außerdem einen Eindruck von Tiefe, Textur, Relief, Rundheit, Vitalität und Mineralität empfinden. Mit einem Wort: den »Umami«-Geschmack

MYCORRHIZE

Klassifikation	Grand Cru
Terroir	Die Trauben kommen von verschiedenen Anbauflächen. Seit 1999 wird dort biodynamischer Weinbau betrieben.
Traubensorte	100 % Chardonnay
Herstellung	Je dichter der Boden ist, desto schwieriger ist es für die Wurzeln, in den Boden vorzudringen. Das Wurzelgewebe hat Schwierigkeiten, eine ausreichende Tiefe zu erreichen, um die Nährstoffe im Boden zu erreichen. In der biodynamischen Landwirtschaft ist es daher wichtig, dass der Boden gut mit Luft versorgt wird. Das bedeutet, dass der Boden ausschließlich mit Pferden und Wagen bearbeitet wird, was die Entwicklung der Mykorrhiza (eine symbiotische Verbindung zwischen einem Pilz und den Wurzeln einer Wirtspflanze) fördert. Mykorrhizae versorgen die Trauben mit Nährstoffen und tragen so dazu bei, ihre Qualität zu verbessern. Herbizide, chemische Produkte gegen falschen und echten Mehltau und Akarizide (Pestizide zur Bekämpfung von Spinnmilben, Zecken und anderen Milben) werden überhaupt nicht eingesetzt. Aber auch die ständige Verdichtung des Bodens ist nicht gut für die Reben.

→

Ein Stück technischer
Raffinesse für die
Aufbewahrung von
Flaschen der
»Cuvée des Caudalies«
sur pointe

←

Der Verkostungsraum
bei De Sousa

↓

Charlotte de Sousa
hört während
der Verkostung
aufmerksam zu.

CHAMPAGNERGUT JACQUES SELOSSE

Ein Besuch beim Paten

Jacques Selosse hat das Gut 1949 in Avize gegründet. Er ist der Vater von Anselme, der 1974 die Leitung übernahm. Anselme studierte Weinbau in Beaune, aber er wurde auch stark von den Weingütern Coche-Dury, Lafon und Leflaive beeinflusst.

Das Haus produziert 57.000 Flaschen pro Jahr auf 7,5 Hektar Weinbergen. Die Anbauflächen für den Chardonnay befinden sich an der Côte des Blancs in Cramant, Avize, Le Mesnil-sur-Oger und Oger. Das Haus besitzt auch einige Pinot-Noir-Parzellen in der Montagne de Reims (in Aÿ, Ambonnay und Mareuil-sur-Aÿ).

Anselme ist seinen Eltern sehr dankbar dafür, dass sie ihr ganzes Leben lang hart gearbeitet und ihm keine Schulden hinterlassen haben. So kann er nun den Champagner produzieren, den er möchte.

Die Räumlichkeiten wurden allmählich zu klein, und 2008 sah er sich die Keller des alten, 2003 geschlossenen Champagnerhauses Bricout-Delbeck an. Über den Kellern befand sich ein wunderschönes Landhaus, und zusammen mit seiner Frau Corinne beschloss er, dies in ein Hotel-Restaurant umzubauen, »Les Avisés« – heute eine der ersten Adressen in der Region.

Das Landhaus stammt aus dem Jahr 1820, als Charles Koch der Erbe einer deutschen Hotelierfamilie, nach Avize zog und ein Champagnerhaus gründete. So ist das Haus seit fast zwei Jahrhunderten eng mit Champagner verbunden und mit vielen Erinnerungen verknüpft. Lokal ist es bekannt als das »Château Koch d'Avize« Nach einer kompletten Renovierung hat das Hotel-Restaurant »Les Avisés« 2011 seine Pforten geöffnet.

Anselme zeigt uns den herrlichen Blick über die Weinberge. Das Weingut Jacques Selosse war eines der ersten Champagnerhäuser, die ich besuchte. Anselme ist ein leidenschaftlicher, emotionaler Mensch, der in vielerlei Hinsicht in seiner eigenen Welt lebt. Aufgrund seiner Reife und Erfahrung war er als Pate des Champagners bekannt, manchmal auch einfach als »Monsieur Champagne«.

Domaine Jacques Selosse

Récoltant manipulant

59, rue de Cramant

F–51190 AVIZE

+ 33 3 26 57 53 56

www.selosse-lesavises.com

→
Anselme Selosse oder
Monsieur Champagner,
der Philosoph

→
Anselme Selosse, eine legen-
däre Persönlichkeit unter den
Champagner-Herstellern

↓
Anselme lässt uns
verschiedene Jahrgänge
und Cuvées verkosten.

Anselme hat viele junge Winzer, die ihre Sache perfekt machen wollen, inspiriert.
Er hat die Kunst der Weinherstellung neu belebt. Viele seiner Anhänger haben seine Art der Weinproduktion übernommen.

Anselme Selosse hat frischen Wind in die Region gebracht – oder vielleicht sogar eine Revolution ausgelöst – und die Aufmerksamkeit wieder auf den Wein und nicht auf die Bläschen gerichtet. Selosse machte auf den Zusammenhang zwischen Bodengesundheit und gutem Wein aufmerksam. Er stellt die traditionellen Methoden der Weinherstellung infrage und lässt stattdessen den Wein spontan gären und fügt nur ein Minimum an Schwefel hinzu. Er erntet die Trauben spät und mit großer Sorgfalt. Der Wein wird mindestens ein Jahr lang gelagert und erhält etwas *Bâtonnage*, um den Geschmack zu verbessern. Die malolaktische Gärung ist nach seinen Worten Teil eines natürlichen Prozesses in der Entwicklung des Weins; sie ermöglicht es, die besonderen Merkmale eines Jahrgangs auch über die Ernte hinaus zu gewährleisten. Die Gärung erfolgt nur in 228- oder 400-Liter-Fässern, von denen weniger als zwanzig Prozent neu sind. Der Wein bleibt über einen langen Zeitraum auf den Sedimenten. Ein großartiger Champagner braucht kein »Make-up«, ist sein Motto. Er glaubt nicht nur an biologischen Weinbau und niedrige Erträge, sondern auch daran, in seinem Champagner die ursprünglichen Merkmale des Terroirs wiederzufinden. 1986 entwickelte er das sogenannte »Solera-System«, mit dem eine Mischung von etwa zwanzig Jahrgängen hergestellt werden kann. Dieses Verfahren sorgt dafür, dass der Champagner jedes Jahr gleich schmeckt und der Charakter des Avize-Terroirs besser zum Ausdruck kommt. Mit seinen Millésimes macht er genau das Gegenteil. Diese kommen immer von der gleichen Anbaufläche, haben aber jedes Jahr einen anderen Geschmack.

Kein anderer Champagner hat mehr Anerkennung gefunden als der Champagner von der »Domaine Jacques Selosse«.

1994 wurde Anselme Selosse in jeder Kategorie zum besten französischen Winzer gewählt – eine einzigartige Leistung. Die *Revue des Vins de France* zeichnete ihn 1993 für seine Produktion und 2016 für die unermüdliche Unterstützung einer neuen Generation von Winzern als besten Winzer des Jahres aus – sowohl in weiteren Regionen Frankreichs als auch anderswo in Europa. Seine Champagner sind daher sehr gefragt. Während wir dort waren, hatten wir das Glück, die erste *Mise* seines Sohnes Gauthier probieren zu können. Es war großartig. Die dritte Generation ist bereit und wartet auf ihren Einsatz!

Fazit

Anselme hat erreicht, dass dem Wein, der für die Champagner-Herstellung verwendet wird, wieder mehr Aufmerksamkeit gewidmet wird. So hat er den Wert der besten Terroirs der Region gesichert. Top-Champagner, und die nächste Generation steht schon in den Startlöchern.

→ Eingang zu den Kellern und dem Reservewein bei Selosse

↖ Ein Wasserverschluss für den gärenden Wein

→ Bei Selosse haben sie keine Scheu vor Experimenten. Hier mit Amphoren.

← Bei Selosse gärt der Wein nur in Holzfässern.

JACQUES
SELOSSE
CHAMPAGNE
V.O.
JACQUES SELOSSE
PRODUCE OF FRANCE
750 ml

CUVÉES UND JAHRGANGSCHAMPAGNER
Eine Auswahl seiner Champagner

Brut Initial, Blanc de Blancs

Terroir	Parzellen auf den Hängen von Cramant, Avize und Oger
Rebsorte	100 % Chardonnay

Rosé

Terroir	Die Pinot-Noir-Trauben kommen aus Ambonnay.
Rebsorte	10 % Pinot Noir, 90 % Chardonnay

La Côte Faron (früher Contraste), Blanc de Noirs

Terroir	Trauben von dem Weinberg La Côte Faron in Aÿ
Rebsorte	100 % Pinot Noir
Herstellung	Anwendung des Solera-Systems

Les Carelles, Blanc de Blancs

Terroir	Der Weinberg Les Carelles in Le Mesnil-sur-Oger
Rebsorte	100 % Chardonnay
Geschmack	Extra brut
Herstellung	Anwendung des Solera-Systems

Le Bout du Clos

Klassifikation	Grand Cru
Terroir	Der Weinberg Le Bout du Clos in Ambonnay
Rebsorte	80 % Pinot Noir, 20 % Chardonnay
Geschmack	Extra brut
Herstellung	Anwendung des Solera-Systems

Sous le Mont

Klassifikation	Grand Cru
Terroir	Der Weinberg Sous le Mont in Mareuil-sur-Aÿ
Rebsorte	100 % Pinot Noir
Geschmack	Extra brut
Herstellung	Anwendung des Solera-Systems

Les Chantereines, Blanc de Blancs

Terroir	Parzellen in Avize und Cramant
Rebsorte	100 % Chardonnay
Geschmack	Extra brut
Herstellung	Anwendung des Solera-Sytems

Le Chemin de Châlons, Blanc de Blancs

Terroir	Parzellen in Cramant
Rebsorte	100 % Chardonnay
Geschmack	Extra brut
Herstellung	Anwendung des Solera-Systems

CHAMPAGNERHAUS SALON

Ein »Außenseiter« in der Champagnerwelt, und eine völlig andere Geschichte

Obwohl Eugène Aimé Salon 1867 in der Champagne geboren wurde, sah es zunächst nicht so aus, als hätte er Interesse am Weinbau; stattdessen wurde er Lehrer. Aber er war nicht mit dem Herzen dabei und so wurde er Kürschner, ein Beruf, der es ihm erlaubte, jeden Tag bei »Maxim's« in Paris zu speisen. Er stellte jedoch fest, dass der Champagner, der ihm serviert wurde, nicht seinem Geschmack entsprach. Da er mit dem Pelzhandel ein gutes Startkapital angehäuft hatte, beschloss er, selbst mit dem Weinbau zu beginnen – und zwar nicht mit irgendeinem Wein: Sein Ziel war es von Anfang an, einen legendären Wein herzustellen: einen Jahrgang, eine Anbaufläche, eine Lage und eine Rebsorte, alles aus einem Dorf, Le Mesnil-sur-Oger.

Die Trauben für den Champagner stammen aus dem einen Hektar großen »Le Jardin de Salon« und von 19 weiteren Anbauflächen, die um Le Mesnil-sur-Oger herum verstreut liegen und von Eugène Aimé Salon selbst sorgfältig ausgewählt wurden.

Die Weine wurden mindestens 10 Jahre lang in Regalen im Keller gelagert, und Salon war kein Freund von Verschnittweinen; er arbeitete mit 100 % Chardonnay.

Champagne Salon
5–7, rue de la Brèche d'Oger
F–51190 LE MESNIL-SUR-OGER
+ 33 3 26 57 51 65
www.salondelamotte.com

→
Der Weinberg
»Le jardin de Salon«
in Mesnil-sur-Oger

1911 produzierte er seinen ersten Millésime aus dem Jahrgang 1905, der nur für Freunde und das »Maxim's« hergestellt wurde. 1920 begann er mit der Vermarktung seines Champagners, der sofort zu »Maxim's«-Haus-Champagner wurde. Dies war der erste Blanc-de-Blancs-Millésime und der erste *Mono-Cru* (Champagner aus Trauben von einem einzigen Weinberg), der jemals produziert wurde.

1943 starb Aimé Salon und sein Neffe trat die Nachfolge an. Das Haus Salon blieb bis 1963 ein Familienunternehmen und wurde 1988, genau wie das Nachbarhaus Delamotte, das als Chardonnay-Spezialist galt, von der Laurent-Perrier-Gruppe übernommen. Die Unternehmensgruppe wird heute von Didier Dupond und Michel Fauconnet, dem Kellermeister und Produktionsleiter von Laurent-Perrier, geleitet.

Es wurde eine Reihe von Veränderungen durchgeführt. So wurden beispielsweise die für die Lagerung verwendeten Eichenfässer entfernt, um die intensive *Fraîcheur* der Weine zu erhalten.

Die Reben sind im Durchschnitt 50 Jahre alt. Es gibt keine malolaktische Gärung und nur eine geringe *Dosage*, damit das Aroma des Weins zur Entfaltung kommt. Wenn in einem Jahr kein Salon produziert wird, bekommt das benachbarte Delamotte-Haus die Trauben.

Im gesamten 20. Jahrhundert wurden nur 37 Millésimes hergestellt, was sehr ungewöhnlich ist. Drei Millésimes wurden bereits im 21. Jahrhundert, in den Jahren 2002, 2004 und 2006, produziert.

Fazit

Der Champagner von Salon ist einzigartig, immer ein Millésime Blanc de Blancs, immer ein *Monocépage* aus Chardonnay. Ein Spitzenchampagner, aber im Weinhandel nicht leicht zu bekommen.

→
Empfangs- und
Verkostungsraum
im Haus Salon

→
Frau Alexandra
de Nonancourt,
Inhaberin der
Häuser Salon,
Laurent-Perrier,
Delamotte und
Castellane

→→
Eine alte
Speisekarte
mit Salon-
Champagner

Laurent Perrier

GROUPE DES JEUNES PROFESSIONNELS DU VIN
BEAUNE
ASSISES ANNUELLES DU COMITÉ GASTRONOMIQUE
Beaune, le 19 Mars
Membres du Comité Gastronomique :
PHILIPPE BOUCHARD (Maison Bouchard Père & Fils)
HENRI-JEAN DARVIOT (Maison Henri Darviot)
ANDRÉ GAGEY (Maison Louis Jadot)
PIERRE POUPON (Maison J. Calvet & Cie)
JEAN RUNEL (Maison Louis Max)
Champagne Salon Mesnil nature 1949
escorté d'Amuse-Gueule
LA TOURTE ALSACIENNE
Traminer 1952
LES CANNETONS A L'ORANGE
Vin de Pichon-Longueville, Comtesse de Lalande
Saint-Julien
LE CUISSOT DE SANGLIER GRAND VENEUR
Musigny de Vogüé 1919
LES FROMAGES
Roquefort - Brie - Chèvre - Gruyère
LE SUPRÊME AUX NOISETTES
Château Yquem 1928
CAFÉ
Cognac 1867

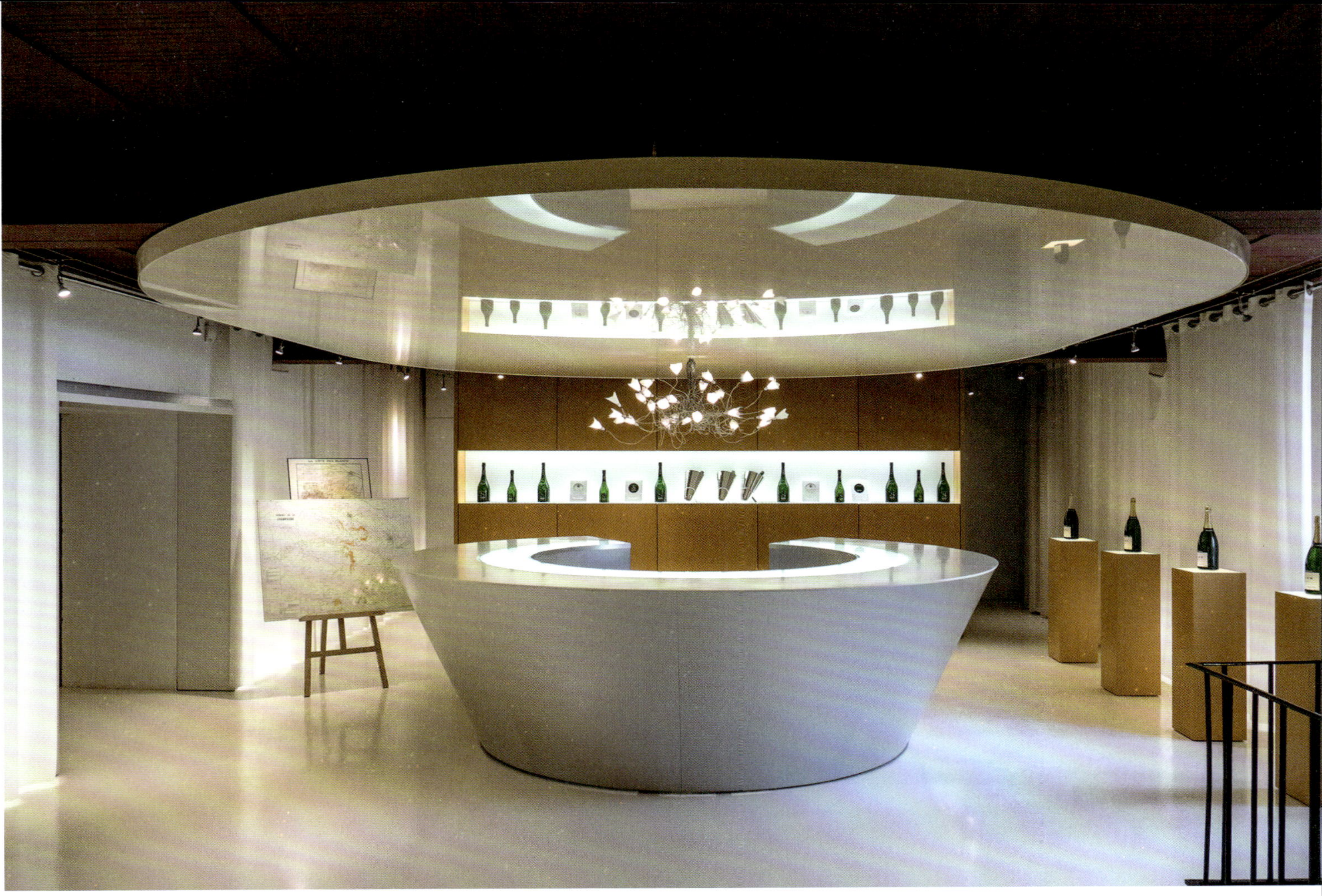

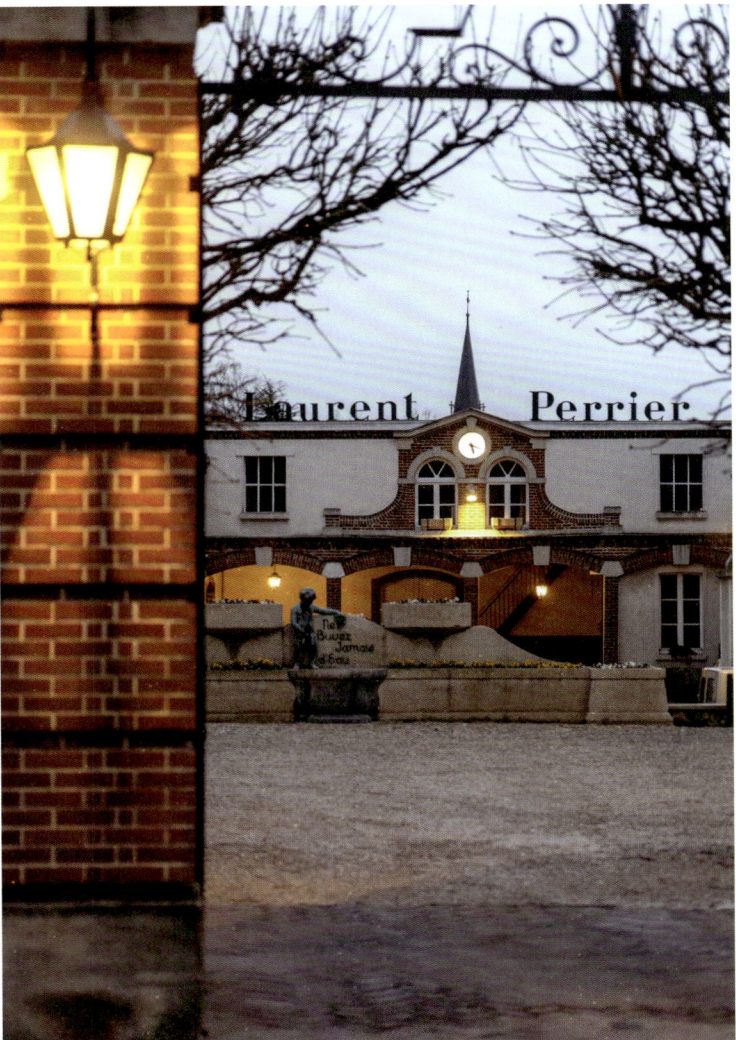

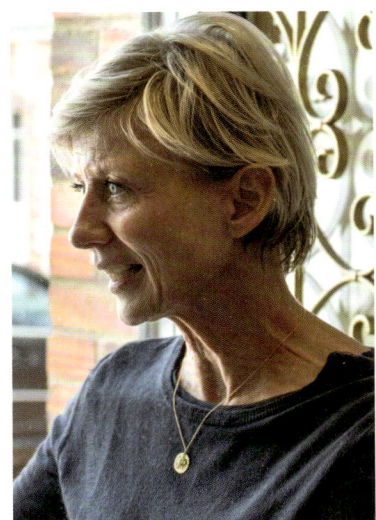

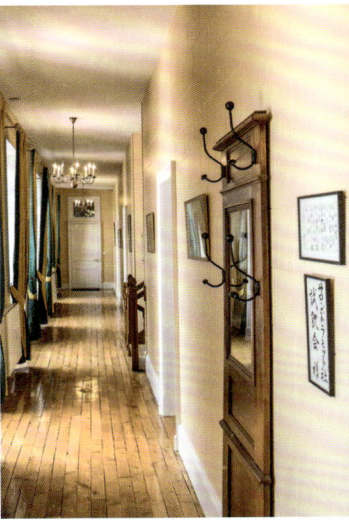

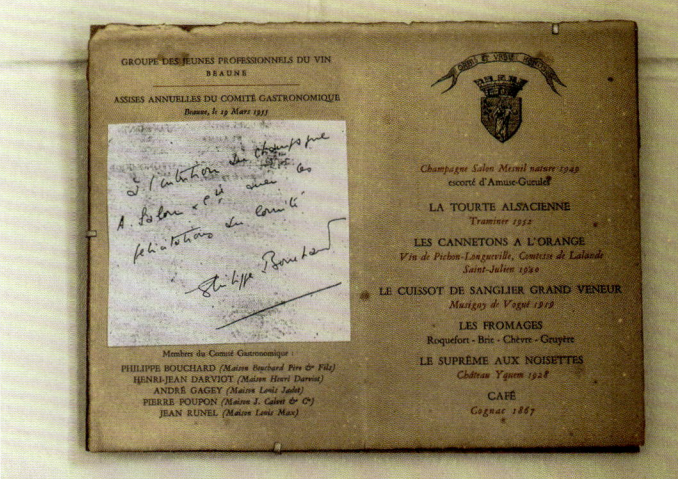

CUVÉES UND MILLÉSIMES

20. JAHRHUNDERT: MILLÉSIMES

1905 | Frost im Mai, Stürme im Juni und Juli,
eine späte Ernte in den letzten zehn Septembertagen

1909 | Frost im Winter und noch einmal im Mai,
Regen während der Ernte am 26. September

1911 | Frühe Blüte, Dürre im Sommer,
Ernte vom 10.–12. September, sehr gutes Wetter
und perfekt gereifte Trauben

1914 | Lange Blütezeit, Mehltau im Juli, der zu schweren
Verlusten führt, Ernte am 28. September

1921 | Frost bei –7° C bis –9° C im April, was zu einem Verlust
von 80 % führt; eine geringe, aber hochwertige Ernte

1925 | Hagel im Frühling, große Verluste, kalte Nächte. Die Ernte
dauert einen ganzen Monat. Durchschnittliche Qualität

1928 | Frost im Mai, Hagel, Ernte im Regen,
aber dennoch Spitzenqualität

1934 | Frost im Mai führt zu einem Verlust von 6 %, aber die
Ernte im September brachte Trauben von Spitzenqualität
ein. Champagner von superber Qualiät.

1937 | Ein gutes Jahr mit tollen Verfärbungen auf den Trauben.

1942 | Ein kalter Jahresbeginn, Ernte beginnt am 15. September,
Trauben mit perfektem, außergewöhnlichem Geschmack.
Gute Qualität.

1943 | Nicht so gute Qualität

1946 | Langsame, unregelmäßige Blüte. Das Wetter bessert
sich vor der Ernte, die Ende September beginnt.
Durchschnittliche Qualität.

1947 | Frühe Ernte, perfekte, hochqualitative Trauben

1948 | Hagel im Mai, Juli und August. Grauschimmelfäule Ende
August, Anfang September. Ernte ab dem 20. September.
Man bemerkt den Einfluss der Grauschimmelfäule.

1949 | Schnelle Ernte ab dem 19. September

1951 | Eine katastrophale Kälteperiode zerstört drei Viertel
des Weinbergs, 70 % Verlust. Späte Ernte im Oktober.
Trauben in gutem Zustand, aber von geringerer Qualität

1953 | Gesunde Trauben, Ernte beginnt am 15. September,
wundervolles Wetter und ziemlich gute Qualität

1955 | Frost im Mai schädigt 1.500 Hektar im Marne-Tal,
400–500 davon werden komplett zerstört.

1956 | Perfekte Ernte mit guter Qualität

1959 | Ernte am 10. September, die Trauben sind von perfekter
Reife, ergeben eine besonders gute Qualität.

1961 | Ernte beginnt am 20. September unter perfekten Wetter-
bedingungen. Gesunde und hochqualitative Trauben.

1964 | Ernte beginnt mit 48 Stunden Regen.
Danach warm und sonnig, ausgezeichnete Qualität.

1966 | Die Blütezeit zeigt sich von ihrer besten Seite. Stürme
von Mai bis August führen zum Verlust von 200 Hektar.
Ernte beginnt am 26. September bei schönem Wetter, ergibt
Trauben von bester Qualität zur Champagner-Herstellung.

1969 | Eine Reihe von Hagelstürmen im Sommer vernichtet
etwa 900 Hektar. Ernte beginnt erst am 1. Oktober während
einer trockenen, sonnigen Periode, wodurch der Wein
eine gute Qualität erlangt.

1971 | Ein strenger Frost im Frühjahr zerstört 1.000 Hektar.
Weitere 650 Hektar werden später von Frost,
Hagel und Wind beschädigt. Ernte am 18. September.

1973 | Ein trockener Sommer, Ernte am 28. September,
gute Qualität

1976 | Die Büschel deuten auf eine gute Traubenlese hin.
Extrem heißer Sommer, sehr trocken, die Trauben
beginnen Anfang August, ihre Farbe zu ändern. Das
ist außergewöhnlich früh und viele Winzer müssen aus
dem Urlaub zurückkehren, um die Trauben zu ernten.
Nur 84 Tage zwischen Blüte und Ernte. Dadurch sind die
Trauben perfekt mit hohem Zuckergehalt, guter Reife und
geringem Säureanteil, wodurch ein starker, raffinierter
Champagner mit einem guten Weingeschmack entsteht.

1979 | Ernte vom 3. bis 8. Oktober, gesunde Trauben ergeben
einen tollen, aromatischen Wein.

1982 | Fantastische Bedingungen,
Ernte beginnt am 17. und 20. September. Das Haus hatte
in den zwei Vorjahren nichts geerntet.

1983 | Außergewöhlich gutes Jahr. Nach einem schlechten
Frühling werden die Trauben am 28. September geerntet.
Sehr ungewöhnlich, zwei so gute Jahre hintereinander
zu haben. Zuletzt passierte das 1928–29.

1985 | Ein sehr harter Winter mit Temperaturen bis –25° C.
Die Wurzeln stellen ihr Wachstum ein und einige Reben
müssen entfernt werden. Sehr gutes Wetter für die Reifung
der Trauben ab Juli. Die Ernte beginnt am 20. September
nach einem Jahr der Extreme.

1988 | Es sah zunächst nach einem Jahr wie jedem anderen auch
aus, doch nach der Ernte am 26. September kann man von
diesem Champagner sagen, dass er einer der bemerkens-
wertesten Champagner ist, die je produziert wurden.
Dieser Jahrgang hat den allerbesten Ausdruck.

1990 | Ein schlechter Start ins Jahr mit Frost am 5. April und
einer zweiten Kältewelle ab dem 19. April.
Etwa 45 % der Weinberge waren betroffen. Nach viel
schlechtem Wetter wird der Sommer aber sehr trocken.
Die Ernte der außergewöhnlich guten Trauben beginnt
am 14. September. Noch ein Top-Champagner.

1995 | Ein mildes Jahr ohne Überraschungen, sonniger Frühling,
warmer Sommer. Die Ernte beginnt am 23. September.
Köstlicher Champagner.

1996 | Eines der besten Jahre für Salon. Warmer Frühling,
außergewöhnlich hoher Zuckergehalt. Top.

1997 | Das dritte gute Jahr in Folge.
Ernte am 22. September nach einem heißen Sommer.

1999 | Ein relativ milder Winter, mit ein paar (Hagel-)Stürmen.
Das zweitletzte Jahr des 20. Jahrhunders ist das heißeste
des Jahrhunderts und sorgt für die größte Ernte, die es je
gegeben hat.

21. JAHRHUNDERT: MILLÉSIMES

2002 | Was für ein großartiges Jahr! Die perfekte Kombination
aus Frische und Sanftheit, Regen und Dürre.
Kein Frost, kein Hagel. Die Reben sind in bester Kondition.
Keine Gefahr für den Weinberg. Die Ernte findet am
16. September bei herrlichem Wetter statt.

2004 | Die Trauben reifen spät und sind sehr ausgedünnt.
Die Sonne kommt ab dem 2. September durch und
lässt die Trauben noch bis zum 27. September reifen.
Gute Säure. Man kann hier von einem erstklassigen
Millésime sprechen.

2006 | Ideale Wetterbedingungen. Weder zu viele noch zu wenige
Trauben. Ein Spitzenjahrgang.

231

CHAMPAGNERHAUS JACQUESSON

Das Haus der Verwandlung

Das Champagnerhaus Jacquesson ist ein *Négociant Manipulant* und produziert 250.000 Flaschen pro Jahr. Das Haus wurde 1798 von Claude Jacquesson gegründet. Der Familienname blieb erhalten, weil Claudes Enkel Adolphe das *Muselet* erfand, die Drahthaube, die um den Korken gespannt ist. Davor wurde der Korken mit einer Schnur befestigt, löste sich aber manchmal beim Transport.

Napoleon Bonaparte besuchte die Jacquesson-Keller und war sofort von der Qualität überzeugt. Aufgrund der kaiserlichen Goldmedaille, die er dem Haus 1810 überreichte, stieg der Bekanntheitsgrad des Hauses deutlich an.

50 Jahre später verkauften die Jacquessons das Anwesen an die Familie Tassigny, die das Haus in den 1920er-Jahren populär machte. Unter dem Namen B.B. produzierte die Familie einen Blanc de Blancs, der bei den Abgeordneten beliebt war. Tassigny kaufte die attraktiven Weinberge in Oizy, Avize, Hautvillers und Dizy, aber der Glanz der ersten Jahre wurde nie wieder erreicht. Seit 1867 hatte Jacquesson bereits eine Million Flaschen verkauft.

1974 wurde das Haus Jacquesson an Jacques Chiquet verkauft. Die Söhne von Jacques, Laurent und Jean-Hervé, haben auch heute noch das Sagen. Laurent ist für die Produktion verantwortlich, Jean-Hervé für den Vertrieb und die Verwaltung des Guts.

Négociant Manipulant
250.000 Flaschen

Champagne Jacquesson
68, rue du Colonel Fabien
F–51530 DIZY
+ 33 3 26 55 68 11
www.champagnejacquesson.com

Heute verteilen sich die Weinberge auf zwei verschiedene Regionen: die Côte des Blancs in den Dörfern Avize und Oizy mit ausschließlich Grand Crus und die Region Vallée de la Marne mit einem Grand Cru in Aÿ und zwei Premier Crus in den Dörfern Dizy und Hautvillers.

↑
Jean-Hervé Chiquet, der Visionär unter den Champagner-Herstellern

Die Weinberge an der Côte des Blancs sind komplett nach Süden ausgerichtet, während die im Vallée de la Marne nach Osten, Süden und Südwesten zeigen; der Boden der Weinberge besteht aus Kreidesubstrat.

Wir vereinbarten einen Termin mit Jean-Hervé. Er führte uns herum und erzählte uns Details über das Haus. »80 % der Trauben stammen von unseren eigenen Weinbergen, 20 % kaufen wir von Nachbarn. Wir kaufen immer eine kleine Menge Trauben ein, um das Gut besser kontrollieren zu können. Diese Trauben stammen von benachbarten Anbauflächen, sodass wir den Zustand des Weinbergs immer im Auge behalten können. Außerdem können wir diese Trauben dann direkt zu unserer Presse liefern lassen.«

Den Brüdern Chiquet ist es wichtig, dass ihre Weinberge, wie die meisten Premier Crus und Grand Crus, über einer mehrere hundert Meter dicken Kreideschicht liegen und auch ein ganz besonderes semi-kontinentales Klima genießen, bei dem die Durchschnittstemperatur nie über 10° C steigt.

↗
Hier werden die gepressten Trauben zur Herstellung des *Vin de Presse* gewendet.

Die Chiquets arbeiten traditionell, meist mit kurzem Beschnitt, und so biologisch wie möglich. »Wir wollen vor allem das natürliche starke Wachstum der Reben bremsen, damit die Eigenschaften jeder Anbaufläche besser zum Vorschein kommen und die Mineralien in die Früchte übergehen können. Wir sind nicht an einer hohen Rendite interessiert.« Die Brüder wollen auch zeigen, wie wichtig die Arbeit der Menschen im Weinberg ist. »*Le terroir, même grand, n'est rien sans le travail de l'homme.*« (Ein Terroir, egal wie groß es ist, ist nichts ohne die Arbeit des Menschen.) Die meisten Premier Crus und Grand Crus der Champagne liegen über dem 49. Breitengrad, und auf diesem Breitengrad stellt Säuremangel sicherlich kein Problem dar. Das ist für das Champagnerhaus sehr wichtig.

↓
Eine Werbeanzeige aus dem 19. Jahrhundert

Für den Weißwein werden hauptsächlich blaue Trauben verwendet, daher muss bei der Mazeration und Pigmentierung sehr vorsichtig vorgegangen werden, um eine Färbung des Saftes zu vermeiden. Die gleiche Aufmerksamkeit gilt den Kernen und Stielen: Aufgrund der Lage erreichen sie nie die gleiche Reife wie in den südlicheren Regionen. Es ist wichtig, dass sie intakt bleiben, um zu verhindern, dass unerwünschtes Tannin und damit Bitterkeit in den Wein gelangt. Aus diesem Grund verwendet das Haus eine vertikale Presse, deren Saft weniger gefärbt und weniger tanninhaltig ist.

←

Einige hochwertige
authentische
Coquard-Pressen,
die es nur bei
Jacquesson zu
sehen gibt

Es wird nicht gefiltert oder geklärt: Letzteres geschieht auf natürliche Weise. Der Saft der zweiten Pressung wird nicht verwendet, sondern weiterverkauft. »Manchmal verkaufen wir sogar unseren ganzen Saft. Wenn wir feststellen, dass die Qualität unzureichend ist, verkaufen wir den Saft und behalten ihn nicht als Reserve.« Sie arbeiten mit Schwerkraft und fügen niemals Zucker hinzu. Für die Vinifikation verwenden sie Eiche, weil sie glauben, dass Eiche das einzige Material ist, das den Wein atmen lässt. Dies geschieht entweder in alten *Foudres* oder in *500-Liter-Demi-Muids*.

Die Weine müssen vier bis fünf Monate *sur lies* ruhen und einer *Bâtonnage* unterzogen werden. Kaltstabilisierung wird nicht verwendet.

Wir fragen uns, woher der seltsame Name *Cuvée 700* kommt. »Das ist der einzige Verschnitt-Champagner, den wir herstellen, und er sieht jedes Jahr anders aus. Diese Cuvée hat jedes Jahr ein anderes Profil. Wir nennen diesen Champagner bewusst nicht *brut sans année*, da wir dafür immer eine gleichbleibende Qualität anbieten müssten. Uns ist nur eine hervorragende Qualität wichtig, und so sind wir auf die Idee gekommen, dieser Cuvée eine Nummer zu geben. Wir haben die Produktionsnummer der Cuvée gewählt, wie sie auch für

die Aufzeichnung der verschiedenen Abfüllungen in unseren Büchern verwendet wird. Die Cuvée Nummer 1 erhielt diese Nummer 1898, als das erste hundertjährige Bestehen des Champagnerhauses gefeiert wurde. Im Jahr 2000 starteten wir die Serie *Cuvées 700* mit der Nummer 728. Außerdem soll die Cuvée nicht in den Schatten der Lieux-Dits (Teile des Weinbergs) gestellt werden.«

Das Haus besitzt vier weitere *Lieux-Dits*, die ihr Vater gekauft hatte. Jean-Hervé: »1988 haben wir jedoch begonnen, die Arbeitsmethoden zu ändern. Die Cuvée 700 war ein schöner Übergang zu den *Lieux-Dits*.«

Als wir sagen, dass der Jacquesson-Champagner in den 2000er-Jahren eine leichte oxidative Note hatte, widerspricht Jean-Hervé nicht gänzlich. Die meisten Leute, die den Champagner kennen, sagen deshalb, dass der Jacquesson-Champagner dem Geschmack der Brüder Chiquet entspricht, was Jean-Hervé bestätigt.

Fazit   Jacquesson ist der Phönix der Boutique-Champagner.

CUVÉES UND MILLÉSIMES

ARCHIVCUVÉES

CUVÉE 700

Zusammenstellung	Verschiedene Jahrgänge
Geschmack	Brut
Herstellung	Nur der Saft der ersten Pressung wird verwendet. Der Wein wird in *Foudres* vinifiziert und nicht filtriert.
Fazit	Die erste Cuvée stammt aus dem Jahr 2000. Der Champagner hat großes Lagerpotenzial. Die folgenden Nummern sind ebenfalls erhältlich: 728, 729, 730, 731, 732, 733DT, 734DT, 735, 736, 737, 738 und 739.

DIZY CORNE BAUTRAY

Terroir	Der Weinberg befindet sich in Dizy auf hohen, steilen, nach Südwesten ausgerichteten Hängen. Der Weinberg ist einen Hektar groß und wurde seit 1960 mit 9.000 Chardonnay-Reben bepflanzt. Es wird die Chablis-Reberziehung angewendet.
Boden	Lehm, Stein und Kreide
Rebsorte	Chardonnay
Fazit	Jährliche Produktion von 5000 Flaschen

DIZY TERRES ROUGES

Terroir	Die Weinberge befinden sich am Fuße der Hänge und sind nach Osten ausgerichtet.
Boden	Rotbrauner Kalksteinboden
Fazit	Jährliche Produktion von etwa 9.000 Flaschen

AVIZE CHAMP CAÏN 2002–2004–2005

Terroir	Die Weinberge befinden sich am Fuße der Hänge und sind nach Süden ausgerichtet. Die Weinberge wurden 1962 mit etwa 12.000 Reben auf 1,5 Hektar Land bepflanzt. Es wird die Chablis-Reberziehung angewendet.
Boden	Kalk, Lehm, Sand, Kalkstein und Kreidekiesel
Herstellung	Der Wein wird vor dem Degorgieren acht Jahre lang *sur lies* gelagert.

AŸ VAUZELLE TERME

Terroir	Befindet sich in der Mitte eines steilen, südlich ausgerichteten Hanges. 2.500 Pinot-Noir-Reben stehen auf 30 Ar. Die Reben wurden 1980 gepflanzt. Es wird die *Cordon-de-Royan*-Reberziehung angewendet.
Boden	Kalk auf Kreide
Rebsorte	Pinot Noir
Fazit	Jährliche Produktion von etwa 2.000 Flaschen

MILLÉSIMES

1988DT, 1989DT, 1990DT, 1995DT, 1996, 1997, 2000, 2002

Zusammenstellung	Millésime
Herstellung	DT bedeutet *»dégorgement tardif«* oder »spätes Degorgieren«. Das heißt, die Champagner reifen länger auf Gestellen.

→
Alte Eichen-Foudres oder Demi-Muids. Eiche ist das einzige Material, das den Wein atmen lässt.

CHAMPAGNE
JACQUESSON
EXTRA-BRUT

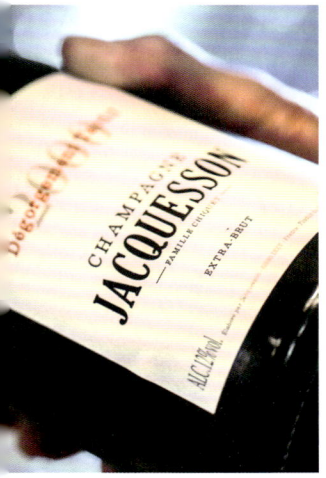

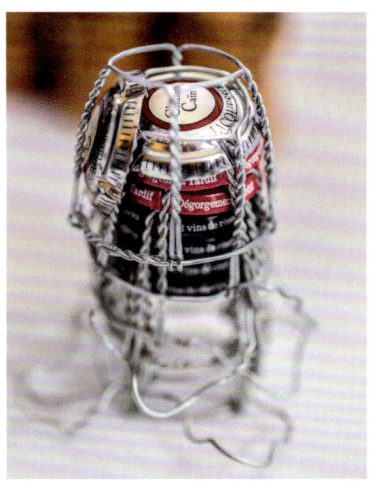

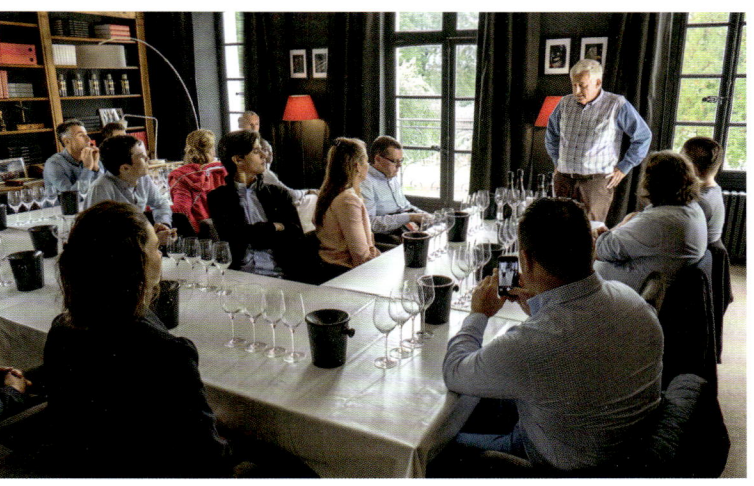

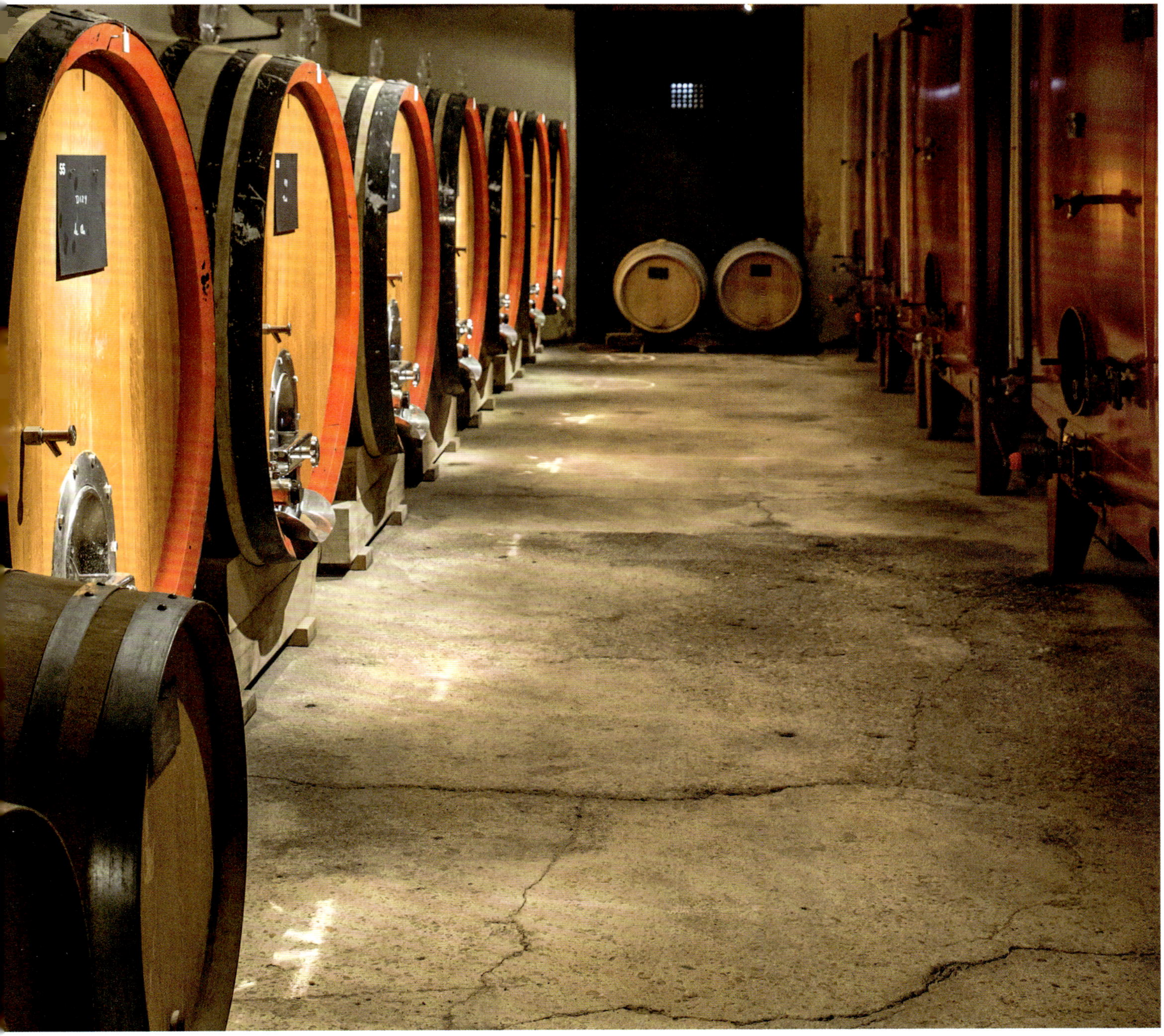

CHAMPAGNERHAUS FALLET-PRÉVOSTAT

Ein gut gehüteter Schatz

Im Herzen von Avize suchen wir das Champagnerhaus Fallet-Prévostat. Tatsächlich sind wir mehrmals daran vorbeigegangen, da auf dem großen Tor nicht einmal ein Namensschild steht. Als das Tor sich öffnet, steht eine resolute ältere Dame vor uns – Madame Fallet. Das Haus meidet die Öffentlichkeit und die Eigentümerin bittet uns, nicht zu viele Fotos zu machen. »Wir mögen keine Werbung; wir haben auch keinen Handelsvertreter. Wir verkaufen unseren Champagner nur hier im Haus.« In ihrer Küche scheint die Zeit stehen geblieben zu sein: eine schöne, verblasste Blumentapete, ein blumiges Wachstuch auf dem Tisch, ein typisches Interieur aus den 1950er-Jahren.

← Eine lebhafte Dame, Frau Fallet, während der Führung durch den Keller

Allmählich taut sie auf und erzählt uns ihre Geschichte: Als Tochter eines Winzers besuchte sie die Fachschule und arbeitete nach dem Erlangen ihres Diploms beim Dorfnotar. Dann lernte sie ihren Mann kennen, der wie ihr Vater Winzer war. Als ihre Töchter geboren wurden, kündigte sie ihren Job und begann, mit ihrem Mann zusammen auf dem Gut zu arbeiten. Zusammen besitzen sie 4,7 Hektar in Avize (Côtes des Blancs), allesamt Grand Cru, und produzieren durchschnittlich 28.000 Flaschen pro Jahr. Die Arbeit ist hart und sie verbringen jede freie Minute in den Weinbergen. Sie arbeiten fast ganz allein und haben dabei einen sehr persönlichen Stil. Monsieur und Madame sind beide über 80, was die Frage aufwirft, ob es Nachfolger in der Familie gibt. Die beiden Töchter sind Ärztinnen geworden und haben weder die Zeit noch die Lust, das Gut zu übernehmen. Es wurde darüber gesprochen, dass ihr Enkel Thomas, ein Student der Geschichte, das Unternehmen weiterführen könnte, aber zu Madames Bedauern ist das leider nicht passiert. »Solange es unsere Gesundheit zulässt, werden wir weiterarbeiten«, sagt sie stolz.

Champagne
Fallet-Prévostat
56, rue Pasteur
F–51190 AVIZE
+ 33 3 26 57 51 97

Wir werden zu einem Besuch in die Keller eingeladen. Sie bestehen aus unterirdischen Gängen aus dem 18. Jahrhundert, zwei Stockwerke unterhalb der Straßenebene. Die Gänge sind randvoll mit Flaschen gefüllt. Eine etwas fülligere Person hätte Schwierigkeiten, hier durchzukommen.

Was uns auffällt, ist, dass der Champagner sieben Jahre lang *sur lattes* gelagert wird. Der Gedanke dahinter ist, im Falle einer schlechten Ernte über ausreichende Reserven verfügen zu können. Auch als Champagner nicht populär war, erkannten sie, dass eine gute Reifung für den Geschmack des Weins sehr wichtig war.

1957 produzierten sie ihre erste Cuvée und drei Jahre später brachten sie diese auf den Markt.

Insgesamt haben sie drei Cuvées, alle aus 100 % Chardonnay.

Die Keller bei Fallet-Prévostat, zwei Stockwerke unterhalb der Straßenebene gelegen, mit einem einzigartigem Blick auf das Schienensystem in dem überfüllten Keller

↑
Die geernteten
Trauben stehen
bereit und die
Presse wird
vorbereitet.

CUVÉES UND MILLÉSIMES

Cuvée Prestige

Klassifikation	Grand Cru
Rebsorte	100 % Chardonnay

Prévostat extra brut

Klassifikation	Grand Cru
Rebsorte	100 % Chardonnay
Geschmack	Extra brut

Prévostat brut

Klassifikation	Grand Cru
Rebsorte	100 % Chardonnay
Geschmack	Brut

CHAMPAGNERHAUS ÉGLY-OURIET

**»Les vignes c'est comme les chevaux,
si tu veux bien les maîtriser, il faut les faire naître.«
(Reben sind wie Pferde, um sie zu beherrschen, muss man sie zuerst züchten.)**

Kurz nach dem Zweiten Weltkrieg gründete Charles Égly mit seiner Frau Andrée Ouriet in Ambonnay das Haus Égly-Ouriet. Sie bauten Trauben an, die sie an die großen Häuser verkauften. Ganz allmählich begannen sie, ihren eigenen Champagner herzustellen.

Sie gehörten zu den ersten, die auf das *Récoltant-Manipulant-System* umgestellt hatten. Wir hatten einen Termin mit ihrem Enkel Francis Égly vereinbart. Égly-Ouriet ist kein großes Haus, es produziert im Durchschnitt nur 100.000 Flaschen pro Jahr, aber die Weine sind von hoher Qualität. Insgesamt besitzen sie 12 Hektar Land, davon 9,7 Hektar Grand Cru, hauptsächlich in Ambonnay (7,7 ha) und in Bouzy und Verzenay. Diese Weinberge liegen alle in der Grand-Cru-Region. Die zwei Hektar Premier Cru befinden sich in Vrigny im Marnetal.

1980 hatte Francis bei der Übernahme des Guts von seinem Vater Michel einen klaren Plan: Er wollte die Pinot-Noir-Traube an die absolute Spitze bringen und deshalb bestmöglich arbeiten. Er begann damit, den Ertrag zu reduzieren und nur den Saft der ersten Pressung zu verwenden. Er bewirtschaftete seine Weinberge nach biodynamischen Prinzipien, zu einer Zeit, als dies noch nicht populär war. Er nutzte Spontangärung und vinifizierte in Eichenfässern. Um die Frische zu erhalten, findet keine malolaktische Gärung statt und der Wein bleibt mindestens drei Jahre *sur lattes*. Für Francis ist es nicht nur die perfekte Qualität der Trauben, die ihrem Champagner eine schöne Struktur und Komplexität verleiht. »Auch im Keller arbeiten wir sehr sorgfältig, damit der Wein gut und lange auf der Hefe reifen kann. Wir sind sehr eigen und präzise, sowohl im Weinberg als auch im Keller. Bestimmte Cuvées werden vier Jahre lang *sur lies* gelagert und einige unserer Cuvées bis zu 112 Monate aufbewahrt. Auf diese Weise ist das Terroir im Glas sehr ausgeprägt.«

Champagne Égly-Ouriet

15, rue de Trépail

F–51150 AMBONNAY

+ 33 3 26 57 00 70

Das Durchschnittsalter der Reben liegt hier bei 35 Jahren, bei den Prestige-Cuvées bei 60 Jahren. Der Blanc de Noirs V.V. (*Vieilles Vignes*) wird aus Trauben von siebzig Jahre alten Reben hergestellt.

Fast alle Cuvées sind nahezu perfekt. »Unsere Champagner sind kraftvoll und einzigartig. Sie sind reich und komplex«, sagt Francis. Viele der Champagner sind extra brut, mit einer geringen *Dosage*. Jeder Importeur erhält aufgrund ihres Erfolgs nur eine begrenzte Anzahl von Flaschen.

Laut Francis wird echter Champagner erst seit dem Zweiten Weltkrieg hergestellt.

Wichtig ist vor allem die Arbeit im Weinberg, die Pressung und Zeit, sehr viel Zeit. Für Francis ist Champagner vor allem die Kunst, die Trauben in verschiedenen Phasen zu pressen. Dafür muss man seine Trauben und deren Kerne sehr gut kennen.

Stolz, rational, selbstbewusst, aber nicht arrogant, steht er vor seiner *Coquard à Plateau incliné*, einer modernen Coquard-Presse, die seitlich presst. Neu ist der Kühltank, der den Saft auffängt und sofort kühlt. Der Vorteil ist, dass man so eine bessere Kontrolle hat.

Wir besuchen Francis zu Beginn der Ernte 2017. Alles ist blitzblank und Francis bleibt die ganze Zeit bei der Presse stehen, weil er auf die Trauben wartet. Der Keller und der Raum, in dem die Presse steht, sind aufgeräumt und sehr sauber, nun kann nichts mehr schiefgehen. Im Weinberg erzählt uns Francis, dass alle aus seiner Familie gerne reiten. Ich frage, ob er auch die Weinberge mit Pferden bearbeitet, aber nein, davon hält er nichts. Er arbeitet im Weinberg nur mit leichtem Gerät.

Er glaubt, dass er 2017 wahrscheinlich keinen Millésime produzieren wird. Die Natur hat ihm in diesem Jahr zu viele Streiche gespielt.

→
Der Grand-Cru-Weinberg in Ambonnay. Mit größter Sorgfalt verfolgt Francis Égly den gesamten Prozess der Weinherstellung vom Anfang bis zum Ende.

↓
Francis Égly, die Ikone von Ambonnay

Fazit

Was Anselme Selosse in Avize ist, ist Francis Égly in Ambonnay: eine Ikone.

CUVÉES UND MILLÉSIMES

ÉGLY-OURIET LES VIGNES DE VRIGNY

Klassifikation	Premier Cru
Terroir	Vrigny
Rebsorte	100 % Pinot Meunier
Herstellung	Lagerung in Edelstahltanks, drei Jahre *sur lies*

ÉGLY-OURIET BRUT TRADITION GRAND CRU

Klassifikation	Grand Cru
Terroir	90 % der Trauben kommen aus dem Grand-Cru-Dorf Ambonnay, 10 % aus den Grand-Cru-Dörfern Verzenay und Bouzy
Rebsorte	70 % Pinot Noir, 30 % Chardonnay
Geschmack	Brut
Herstellung	48 Monate *sur lies*, Vinifizierung in Fässern

ÉGLY-OURIET BRUT ROSÉ GRAND CRU

Klassifikation	Grand Cru
Terroir	Die Trauben kommen aus Ambonnay (fast der gesamte Chardonnay, 5 % Pinot Noir), Verzenay und Bouzy
Rebsorte	80 % Pinot Noir, 20 % Chardonnay
Herstellung	48 Monate *sur lies*, Vinifizierung in Fässern

ÉGLY-OURIET GRAND CRU 2007 MILLÉSIME

Klassifikation	Grand Cru
Terroir	100 % Grand Cru aus Ambonnay
Rebsorte	70 % Pinot Noir, 30 % Chardonnay
Zusamenstellung	Millésime
Herstellung	96 Monate *sur lies*, Vinifizierung in Fässern

ÉGLY-OURIET V.P. EXTRA BRUT

Klassifikation	Grand Cru
Terroir	90 % der Trauben kommen aus dem Grand-Cru-Dorf Ambonnay, 10 % aus den Grand-Cru-Dörfern Verzenay und Bouzy.
Rebsorte	70 % Pinot Noir, 30 % Chardonnay
Geschmack	Extra brut
Herstellung	84 Monate *sur lies*, Vinifizierung in Fässern. V.P. steht *für Vieillissement prolongé* (verlängerte Reifezeit).

ÉGLY-OURIET BLANC DE NOIRS V.V.

Klassifikation	Grand Cru
Terroir	Weinberg »Les Crayères«
Boden	30 Zentimeter Oberboden, der Rest ist Kalkstein.
Rebsorte	100 % Pinot Noir
Herstellung	V.V. steht für *Vieilles Vignes* (alte Reben). In Holz vinifiziert, 70 Monate *sur lies*, Vinifizierung in Fässern.

ÉGLY-OURIET AMBONNAY ROUGE 2013

Terroir	Aus den Coteaux Champenois. Alle Trauben kommen von einer einzigen Parzelle mit alten Reben.
Rebsorte	100 % Pinot Noir
Herstellung	Dies ist ein stiller Wein, der aus den besten Jahrgängen hergestellt wird.

GLOSSAR

AOC (Appellation d'Origine Contrôlée)
Schutzsiegel, »Kontrollierte
Herkunftsbezeichnung«

Assemblage
Hochwertige, wohldosierte Mischung
verschiedener Weine zum Erhalt einer Cuvée von
gleichbleibender Qualität und gleichem Geschmack

Bâtonnage
Aufrühren der Hefe in jungem Wein

brut sans année
ohne Jahrgangsangabe

Caviste
Weinhändler

Chaptalisation
Erhöhung des Alkoholgehalts durch Zugabe
von Zucker während der Gärung

Chef de Cave
Chef des Weinkellers

Cuverie
Kellerei

Débourbage
Vorklärung

Dégorgement
Das Entfernen des Hefesatzes

Dosage
Zuckergehalt

Foudre
Fass

Fraîcheur
Frische

le sens du naturel
der Sinn für das Natürliche

léger dosage
geringer Zuckeranteil

Liqueur d'expédition
Versanddosage: In Wein aufgelöster Rohrzucker,
der dem Champagner vor dem Verkorken
zugesetzt wird

malolaktische
Gärung mit Milchsäurebakterien

Mazeration
Einweichen der Trauben vor der Gärung
zur Extraktion von Farbstoffen und
anderen Inhaltsstoffen

Millésime
besonders guter Jahrgang

Mise
Abfüllung

Monocépage
Aus einer Rebsorte

Négociant
Händler, der Trauben, Most und Weine aufkauft,
verarbeitet und weitervermarktet.

Négociant Manipulant
Ein Hersteller, der Trauben, Weine oder Moste
ankauft, um daraus Champagner herzustellen

Prise de mousse
Schaumbildung bei der Flaschengärung

Pupitres
Standhalterung

Récoltants Manipulants
Selbsterzeuger

Sélection Massale
Bepflanzung von neuen Weinbergen ausschließlich mit Abschnitten von alten Reben

Soustirage
Verfahren, bei dem der Wein vom Bodensatz
getrennt wird.

sur lattes
liegende Lagerung

sur lies
auf der Hefe

sur pointe
kopfüber

Terroir
Ein bestimmtes Gebiet, das durch das
Zusammenspiel von Klima und Boden
die Eigenschaften der dort angebauten
Pflanzen beeinflusst.

Unterlagsreben
Unterlage eine Rebstocks, die dazu dient,
den Weinstock reblausresistent zu machen.

Xylemfluss
Transport von Wasser und anorganischen Salzen
durch die Pflanze.

© 2018, Lannoo Publishers, Tielt, Belgien
für die Originalausgabe unter dem Originaltitel: Champagne
www.lannoo.com

Text: Pieter Verheyde
Fotografie: Andrew Verschetze

Grafikdesign: Steven Theunis, Armée de verre
Coverdesign: Andeas Haase, hello & goodbye

Übersetzung aus dem Englischen: Jutta Alpen, Anette Reichardt (S. 9 bis 15)
Produktion: Marisa Tippe

Ein Gesamtverzeichnis der lieferbaren Titel schicken wir Ihnen gerne zu.
Bitte senden Sie eine E-Mail mit Ihrer Adresse an vertrieb@koehler-books.de
Sie finden uns auch im Internet unter www.koehler-books.de

Bibliografische Information der Deutschen Nationalbibliothek
Die Deutsche Nationalbibliothek verzeichnet diese Publikation
in der Deutschen Nationalbibliografie;
detaillierte bibliografische Daten sind im Internet über http://dnb.d-nb.de
abrufbar.

ISBN 978-3-7822-1346-2
© 2019 by Koehler
im Maximilian Verlag GmbH & Co. KG für die deutsche Ausgabe
Ein Unternehmen der TAMMMEDIA

Printed in Europe